Die Opalia Lichtkarten

Reise zur inneren Wahrheit
Sabine Guhr-Biermann

Das Buch zu den Opalia Lichtkarten

D1725068

Die Opalia Lichtkarten
Reise zur inneren Wahrheit
Autorin: Sabine Guhr-Biermann
ISBN 3-934982-02-6
1. Auflage 2000
© Erstausgabe 2000 Libellen-Verlag · Neunkirchen-Seelscheid

Umschlaggestaltung:	Sabine Kierdorf, SabineKierdorf@T-online.de
Illustrationen:	Birgit Letsch, Grafik design, Offenbach
Lektorat:	Dorit Suwelack, Dr. päd.
Satz:	Libellen-Verlag, info@libellen-verlag.de
Druck:	GGP Media, Pößneck

Inhalt

Kartenlegen – Vorwort

Kartenlegen ist ein uraltes Ritual, das gerne dazu benutzt wird, um klare Erkenntnisse über den aktuellen Ist-Zustand einer Situation zu erfahren. Je klarer wir uns über unsere Verhaltensweisen sind, desto bewusster werden wir mit unserem Leben verfahren können. Immerhin ist alles, was uns begegnet, nur eine Ebene der Erfahrungsmöglichkeit, die wir in unserem Leben brauchen, um uns selbst zu erkennen. Somit gibt es auch keine Zufälle, sondern nur Gesetzmäßigkeiten, die uns helfen, unseren Weg zu finden. Je klarer wir dies erleben, desto besser werden wir uns in unserem Leben fühlen. Immerhin sind wir alle Suchende auf dem inneren Weg der Selbsterkenntnis, und jedes Mittel, das uns auf diesem Weg der inneren Irrwege eine Hilfestellung geben kann, damit wir erkennen, um was es sich handelt, sollte uns willkommen sein.

Ich gebe Ihnen Recht, wenn Sie nun denken sollten, schon wieder ein Buch über Kartenlegen, es gibt doch schon so viele. Doch trotzdem hat es mich gereizt meine persönlichen Erfahrungen im Umgang mit den Karten niederzuschreiben. Kartenlegen ist eine Kunst für sich, die bei erfolgreicher Anwendung klare und transparente Lösungsmöglichkeiten verspricht. Wir können anhand der Karten auf alle unsere Fragen erklärende Antworten finden. Einzige Voraussetzung: Wir müssen die Antworten auch wissen wollen. Sollten wir uns gegen die innere Wahrheit stellen, werden wir jegliche Erklärungen und auch wertvolle Lösungsansätze automatisch ignorieren. Immerhin gibt es noch genug Menschen, die meinen, sich selbst über den eigenen Tisch ziehen zu können, in der Hoffnung, dass endlich - nach der dritten Legung am selben Tag - der Kelch des Schicksals doch einmal an ihnen vorüberziehen möge. Deshalb sollten wir uns auch direkt angewöhnen, dass wir nicht öfter als nur einmal am Tag auf eine Person Kartenlegen.

Die nachfolgend kreierten Opalia-Lichtkarten entwickelten sich im Laufe der Zeit. Seit Jahren arbeite ich erfolgreich in Kursen mit dem System der Skatkarten. Für meine Einzelberatungen brauche ich jedoch seit Urzeiten keine Karten mehr. Ich bin mittlerweile so sensitiv, dass sich die Bilder meiner Klienten vor meinem inneren Auge wie von selbst bewegen, jedoch nur, wenn ich dies auch wirklich will. Immerhin stellen die Karten lediglich ein Hilfsmittel dar, das helfen soll, Klarheit in eine Sache zu bringen, damit die energetischen Verbindungen transparenter werden. Mit der Zeit, wenn man häufig spirituell arbeitet, braucht man keine Karten mehr, da einem die inneren Bilder und Emotionen das aussagen, was wichtig ist. Doch bis dahin stellen die Karten eine wirkliche Lösungsmöglichkeit der Analyse dar und sollten auch als solche betrachtet werden.

Da jedoch nichts aus Zufall passiert, werden wir uns zuerst mit den kosmischen Gesetzmäßigkeiten auseinander setzen, um diese besser kennen und verstehen zu lernen. Die nachfolgenden Karten entstammen dem Sinnbild der Skat-Karten, wurden jedoch eigens für dieses Buch neu kreiert. Die einzelnen Bedeutungen sind mit Bildkarten viel einfacher zu erlernen als über handelsübliche Skatkarten. Und mal ehrlich gesagt, es macht doch viel mehr Spaß mit Bildkarten zu arbeiten als anders. Somit haben wir extra für dieses Buch neue Karten von der Künstlerin Birgit Letsch malen lassen, die Sie, wenn Sie möchten zusätzlich erwerben können. Bildkarten sind eben viel einfacher zu erlernen und auch zu benutzen.

Ich wünsche nun allen Lesern viel Spaß beim Studium dieses Buches und der darauf folgenden Praxis. In der Welt der mystischen Magie, des Hexenzaubers und der Wahrsagerei gibt es noch einige Plätze zu besetzen von den Menschen, die sich dazu berufen fühlen, ein

Lichtbringer zu sein – eine Person, die anderen hilft, wieder Licht in die eigene Dunkelheit zu bringen. Viel Erfolg.

Die Autorin

Kartenlegen – Einleitung

Schon seit Urzeiten nutzen viele die Möglichkeit des Kartenlegens, um aus den Deutungen der Karten, Klärungen für alltägliche Situationen und Begebenheiten zu bekommen. Die Karten können anhand ihrer einfachen Deutungssymbole sehr klare Aussagen geben, wenn man weiß, wie sie genutzt werden. In vielen Büchern wurden schon diverse Beschreibungen niedergeschrieben. Und jeder gibt immer noch eine andere Deutungsmethode hinzu. Doch genau darum geht es. Es gibt keine Pauschalgebrauchsanweisung, es gibt nur verschiedene Wege, die einem letztlich dazu verhelfen, die eigenen Ordnungssysteme im Inneren zu erkennen. Wenn wir die kosmischen Gesetzmäßigkeiten verstanden haben, können wir auch die daraus resultierende Zukunft erkennen. Das eine kann ohne das andere nicht funktionieren. Alles hat seine Ordnung und die gilt es zu erkennen. Schon alleine aus diesem Grund werden wir die Karten in vier verschiedene Definitionen, ähnlich den vier Elementen, unterteilen, damit wir erkennen können, auf welchen elementaren Schwerpunkt wir die momentan wichtige Thematik einsortieren können.

Wie wir letztlich die Karten nutzen, welche Deutungen wir von Grund auf benennen wollen, welche Legemethode wir wählen, all das ist absolut unwichtig, wenn wir die Gesetzmäßigkeit und somit den Spiegel im Innen und Außen erkannt haben. Jeder legt sowieso anders als der andere. Ich persönlich bringe seit elf Jahren verschiedene Karten, unter anderem auch diese, und unterschiedliche Legemethoden vielen Kursteilnehmern bei. Doch egal wie, die Teilnehmer legen zum Schluss sowieso so, wie sie es am besten können. Es ist später unwichtig, was wir nutzen, wie wir es nutzen; nur die Deutung, das Ergebnis muss gleich sein. Um jedoch eine wahrhaftige Deutung abgeben zu können, brauchen wir Erklärungen, die uns selbst einleuchtend erkennen lassen, warum gerade derjenige diesen vor ihm liegenden Weg beschreiten muss. Immerhin stellen die Karten lediglich eine Analysemöglichkeit dar und mehr nicht. Sie zeigen letztlich nur, was energetisch innerlich und äußerlich „abläuft". Durch die kosmischen Gesetze lernen wir die Thematik zu verstehen und zu erkennen, warum die Situation so für uns verläuft und was für eine Lernaufgabe dahinter steht. Wenn wir verstehen, worum es geht, können wir anders damit umgehen. Die Karten geben uns nun einmal die Möglichkeit, klar zu erkennen, warum das so ist. Somit hat Kartenlegen schon mit Wahrsagerei zu tun, denn hier gilt es schonungslos die Wahrheit zu sagen, damit der Ratsuchende sich darauf einstellen kann. Oder andersherum: Wenn er die dahinter liegende Aufgabe verstanden hat, kann er sich auf der äußeren Ebene von seinem Problem wieder wegbewegen. Wir müssen nicht immer alles hautnah und körperlich erleben, wenn wir die innere Sinnhaftigkeit verstanden haben. Alles das, was uns betrifft, betrifft uns und wird sich somit in unseren Weg der inneren Erkenntnis stellen, damit wir verstehen lernen, worum es geht.

Damit wir die kosmischen Gesetze überhaupt verstehen lernen, werden wir uns nun mit ihnen auseinander setzen.

Die kosmischen Gesetze

Wir alle unterliegen kosmischen Gesetzen, denen wir uns nicht entziehen können. Das heißt, wir alle haben Lernaufgaben, denen wir uns stellen müssen und die zum passenden Zeitpunkt auf uns zukommen. Somit können wir den Lebensthemen, die uns betreffen, nicht entfliehen. Sollten wir uns jedoch freiwillig zu wenig mit uns selbst beschäftigen, kann es sehr wohl sein, dass sich diese Themen auf der äußeren materiellen Ebene breit machen, damit wir sie sehen und erkennen können. Und so passiert es nicht selten, dass uns zum passenden Zeitpunkt unser Problem in Form einer anderen Person begegnet, damit wir über den brillanten äußeren Spiegel unsere inneren Themen erkennen können. Wie das geht? Ganz einfach, immer dann, wenn wir uns mit einer anderen Person auseinander setzen und einen emotionalen Verbund haben, können wir anhand unserer eigenen Emotionen gegenüber der außenstehenden Person erkennen, wie wir mit uns selbst verfahren. Bekommen wir gegenüber dieser Person ein schlechtes Gewissen, dann haben wir tief im Inneren vor einem Energieanteil in uns selbst ein „schlechtes Gewissen". Dies bedeutet dann eindeutig, dass wir uns - Energieanteile in uns - gegen uns selbst stellen und uns bewusst Schaden zufügen. Sind wir auf eine andere Person neidisch, dann neiden wir uns selbst etwas, das heißt, wir leben im inneren Ungleichgewicht und haben unsere inneren Lieblingsanteile. Doch wir müssen uns mit allen Energiebereichen, die in uns hausen, auseinander setzen, und deshalb brauchen wir den äußeren Spiegel, um die inneren Themenbereiche überhaupt erkennen zu können. Immer dann, wenn wir emotional betroffen sind, dann sind wir auch getroffen, und das bedeutet, wir müssen uns analysieren, um zu erkennen, was sich alles in uns tummelt. Um dies noch einmal klarer darzustellen: Wir müssen uns hauptsächlich um uns selbst kümmern. Jeder andere, der uns begegnet, mit dem haben wir nur insoweit zu tun, so weit wir uns mit ihm bewusst auseinander setzen wollen.

Doch wie oft passiert es uns, dass wir auf eine Person treffen, mit der wir uns emotional verbinden und die wir im Nachhinein als Belastung erleben. Woher kommt das? Wir können uns mit jeder Person, der wir begegnen, freiwillig leicht und locker auseinander setzen. Hingegen treffen wir auch immer wieder auf Personen, die wir als Problem empfinden. Was ist anders? Wir haben diese Person, die uns symbolisch quer im Magen liegt, auf eine in uns befindliche, energetisch belastende Schiene gelegt. Das heißt, wir selbst tragen einen Schattenanteil in uns, also eine Energiestruktur, mit der wir uns nicht gerne auseinander setzen, und diese Teilenergie hat sich mit einer Teilenergie des anderen verbunden. Nun kommunizieren diese beiden Teilenergien, und wir selbst fühlen uns belastet. Nun könnten wir uns rein symbolisch von dem anderen wieder trennen, das wäre die schnellste Form, um das unangenehme Gefühl wieder loszuwerden. Nur wird uns dies auch nichts nützen. Die in uns befindliche Energie will endlich wahrgenommen werden, und da wir dies zumeist freiwillig nicht tun wollen, braucht sie andere Menschen, die ihr symbolisch dabei helfen. Somit sucht sie die äußere Unterstützung. Würden wir uns nun von der äußeren Person trennen, würde die in uns befindliche Energie einen neuen Mitspieler suchen, damit die Ebene wieder stimmt - das Ganze jedoch nur so lange, bis wir endlich bereit sind hinzuschauen, wer sich in uns bemerkbar machen will. Dies mag sich für Sie jetzt noch ein bisschen verwirrend anhören, deshalb beschäftigen wir uns genauer damit.

Damit wir uns besser verstehen lernen, sollten wir eine andere Perspektive zu unserer Person gewinnen. Die meisten Menschen betrachten sich als Ganzes, als einen kompletten Teil, der mal so oder so reagiert. Ich persönlich betrachte uns als Teilenergieformen, also verschiedene Teilenergien, die alle ein Bewusstsein in sich tragen und die alle in uns etwas zu sagen haben. Somit können wir uns nicht als Gesamtes betrachten; wir haben unterschiedliche Stimmen in uns, die auch unterschiedlicher Meinung sind. Wir unterliegen verschiedener Stimmungsschwankungen. Wenn wir uns aus der Perspektive betrachten, dass in uns mehrere Energieanteile sprechen und somit zu Wort kommen wollen, gibt das Ganze einen tieferen Sinn, und wir können uns besser verstehen. Gerade die Karten zeigen nichts anderes an, als uns in allzu deutlicher Form zu beschreiben, wer schon wieder in uns zu Wort kommen will und für was zuständig ist. Wir müssen uns von dem Gedanken lösen, dass ein Zufallsgenerator unseren Weg bestimmt. Nein, wir prägen unser Leben selbst. Verschiedene Teilaspekte in uns, die für unterschiedliche Bereiche zuständig sind, prägen unser Leben. Teilweise bringen wir sogar Themen/karmische Verknüpfungen aus früheren Leben/Inkarnationen mit in dieses Leben hinein. Oftmals tragen wir sogar stark beeinträchtigende Kindheitsprägungen in uns, die natürlich auch zu Wort kommen wollen. So und nicht anders sieht es in uns aus. Alle unsere Teile wollen nichts anderes, als zu Wort kommen. Und da wir ihnen freiwillig zumeist kein Gehör schenken, suchen sich unsere ungeliebten Kinder – also die Teilenergien, mit denen wir nichts zu tun haben wollen, die wir ablehnen – auf der äußeren Projektionsebene eine Lücke und machen sich dort bemerkbar.

Je mehr wir uns nun mit dem auf der äußeren Ebene befindlichen Problem auseinander setzen, desto mehr schenken wir unserem inneren Themenbereich/unserer ungeliebten Teilenergie kurzweilig besonders viel Aufmerksamkeit. Und um mehr geht es im Grunde genommen nicht. Schicksal ist somit nur der Ausdruck von Gesetzesformen, die uns mit uns selbst konfrontieren und die wir meinen, bewusst nicht zu kennen. Doch auch das stimmt wiederum nicht. Alles das, was es gibt, das kennen wir. Sollte es uns nicht mehr bewusst sein, dann liegt dies alleine nur daran, dass wir diesen Aspekt aus unserem Gehirn/ unserer Erinnerung gestrichen haben. Doch so einfach ist das nicht, tief im Inneren spüren wir alle, dass es so ist. Woher? Wir alle kennen die Regeln nach denen wir leben, nach denen wir inkarnieren. Keiner ist unwissend. Doch solange wir inkarnieren, uns also in einem Leben befinden, solange passiert es häufig, dass wir die kosmischen Gesetze, nach denen wir leben, bewusst vergessen, damit wir nicht gehindert werden, unser reales Leben zu leben und unseren gestellten Lernaufgaben zu folgen. Tief im Inneren erinnern wir uns jedoch alle, und je mehr wir gegen uns leben, desto mehr Dunkelheit wird in uns spürbar sein. Jeder, der sich selbst belügt, trägt auch schon ein schlechtes Gewissen in sich, das auf Erlösung wartet. Dies passiert jedoch nur, wenn wir verstehen, wie wir letztlich energetisch funktionieren. Da wir selten auf unsere innere Stimme hören, brauchen wir häufig andere Personen, die uns unsere eigenen Themen auf den Tisch legen. Sollte uns nun jemand auf unsere Themen aufmerksam machen, fühlen wir uns zumeist verletzt, da wir unsere eigenen Entgleisungen nicht annehmen wollen.

Gerade wenn wir die Karten als Deutungsmöglichkeit nutzen wollen, müssen wir ehrlich zu uns selbst sein. Erst dann können wir erkennen, was uns die Karten zu sagen haben. Somit erfahren wir sehr einfach, warum wir mit einer Person emotional verbunden sind und was uns dabei energetisch selbst betrifft. Den eigenen Schuh beim anderen zu suchen, ist genauso unsinnig, wie auf den Traumpartner zu warten, der uns doch endlich erlösen möge. Nein, wir können nur für uns selbst leben, und das ist die einzige Chance, die wir in unserem Leben haben, um unserem Lebensweg zu folgen. Alles das, was mir passiert, passiert **mir** und hat somit nur mit **mir** zu tun. Sollten gleichzeitig auch andere Personen betroffen sein, dann betrifft dies die anderen, und das kann mir wiederum egal sein, da ich mich mit mir selbst auseinander setzen muss. Das hört sich jetzt sehr egoistisch an, sollte jedoch so nicht gemeint sein. Doch wenn wir nicht lernen, auf uns zu schauen, wer sollte es dann für uns tun? Gerade die Karten verweisen uns wieder auf unsere inneren Themen, sie erinnern uns, deshalb ist eine wahrhaftige

Kartenlegesitzung für viele auch besonders unangenehm. Doch wir müssen lernen damit umzugehen, wenn wir wirklich wissen wollen, was in unserem Leben passiert, und vor allen Dingen, warum es uns passiert? Zu wissen, warum etwas geschieht, unsere gelebten Strukturen zu verstehen, zu erkennen, warum wir so und nicht anders reagieren, die Ursächlichkeit eines inneren „Übels" wahrzunehmen, ist überhaupt das Interessanteste, was wir uns vorstellen können. Je mehr wir Erfahrungen sammeln, desto eher können wir uns an unserem Leben bereichern, denn alles, was wir lernen können, das kann uns wiederum nur weiterbringen. So einfach ist das.

Doch nun ein paar Grundregeln: Alles das, was mir passiert, passiert mir, also trifft es mich und hat somit direkt mit mir zu tun. Deshalb sollte ich mich auch intensiv mit dem erlebten Thema auseinander setzen, damit ich die dahinter liegende Information erfahren und erkennen kann. Sollte ich die Chance zur Klärung der hinter dem Problem liegenden Struktur nicht nutzen, könnte diese sich auf einer anderen Ebene äußerlich wieder sichtbar machen. Somit müsste ich immer wieder ähnliche Erfahrungswerte machen, nur um endlich die gelagerte Energie hinter dem Problem erblicken zu können. Eins sollten wir dabei nie vergessen, es handelt sich letztlich nur um unsere eigenen Themen.

Weitere Regel: Ein anderer, der mich emotional treffen kann, trifft mich nur, da er eine in mir befindliche Energie angesprochen hat, somit hält er mir letztlich nur einen Spiegel vor die Nase, damit ich meine eigenen, mir wichtigen Energieanteile betrachten kann. Den anderen zu analysieren, ist eine Sache, jedoch im Regelfall unwichtig. Den Spiegel in mir zu erkunden, ist das einzig Richtige. Wenn ich mein Spiegelbild im Gegenüber erfahren habe, dann weiß ich genau, welche Energie in mir angesprochen wurde, und kann mich intensiv mit mir selbst auseinander setzen. Sollte ich mir dann auch noch selbst treu bleiben, also auf mich selbst Acht geben, brauche ich keinen äußeren Spiegelhalter mehr zu suchen.

Weitere Regel: Es gibt Situationen wie auch Personen, die einem bewusst schaden wollen. Auch diese Schädigung ist in mir selbst vorhanden. Von daher gilt es jeden äußeren Feind im Inneren zu finden, denn dann ist der reale Feind auch wirklich unschädlich. Der Feind kann somit nur handeln und uns Schaden zufügen, wenn wir unser inneres Feindbild noch nicht korrigiert haben. Sollten wir das verstanden haben, kann uns nichts mehr passieren. Diese Aussage bezieht sich auf das Täter-Opfer-Thema. Solange wir Macht-Ohnmacht-Energien in uns tragen, solange brauchen wir äußere Täter, damit uns unsere innere Täter-Opfer-Thematik bewusst wird. Doch Vorsicht, hierbei handelt es sich nicht um ein leichtes Spiel. Man muss nicht erst mit blutender Nase vor dem Spiegel stehen, um bewusst auf die eigene Nase zu schauen. Wir können schon im Ansatz einer Thematik, also viel früher, in uns aufräumen, wir müssen dazu nur gewillt sein.

Weitere Regel: Wenn ich einer fremden Person das erste Mal begegne und tief im Inneren das Gefühl habe, dass ich diese Person schon kenne, dann ist das zumeist auch so. Menschen, die wir aus früheren Leben kennen, treffen wir oftmals in diesem Leben wieder. Wir spüren dann sofort einen tiefen emotionalen Verbund. Doch warum treffen wir diese Menschen wieder? Wir treffen auf diese Seelen, da wir mit ihnen noch etwas zu bereinigen haben, das heißt, wir müssen uns noch einmal mit ihnen auseinander setzen. Manchmal haben wir mit diesen Personen noch eine offene, also karmische Rechnung zu begleichen. Damit wir hinter die energetischen Altlasten blicken können, ist es ratsam, die Karten hinzuzuziehen und zu befragen. Je klarer wir den Sinn einer Beziehung erkennen können, desto eher fühlen wir uns energetisch wieder handlungsfähig, und das wird für uns immer gut sein.

Weitere Regel: Sollte ich mit einer anderen Person emotional eng verbunden sein, dann entsteht ein Energietransfer, der letztlich auch in meiner Aura spürbar sein wird. Somit kann ich anhand solcher Verbindungen erkennen, welche Themen ich vom anderen übernommen und auf mich selbst übertragen habe. Doch Vorsicht: Nicht immer ist uns dies bewusst, und somit kann es sein, dass wir Energiebelastungen austragen, die uns letztlich nur schaden werden. Also immer mal wieder hinterfragen, ob das, was wir leben, auch das ist, was wir leben wollen. Immerhin ist die energetische Übertragung die häufigste Missbrauch-Struktur eines Menschen. Immer dann, wenn wir Aufgabenbereiche für andere übernehmen und dies bewusst tun, ist der Energietransfer klar und sicher. Sollten wir jedoch aus Freundschaft die Probleme eines anderen auf uns laden, uns somit überladen, und unser so genannter Freund schnappt sich unsere lockere Energie und lässt uns belastet im Regen stehen, dann handelt es sich eindeutig um einen Energiemissbrauch, und wir müssen uns darum kümmern. Immer wieder werden wir dies anhand unserer Emotionen gespiegelt bekommen; sollten wir jedoch darauf nicht hören wollen, kann dies dauerhaft fatale Folgen für uns haben. Auch hierbei gilt wieder: Sollte ich das Gefühl haben, dass ich mich äußerlich energetisch missbrauchen lasse, dann werde ich dies innerlich hundertprozentig auch tun. Also gibt es einen Teil in mir, der genauso handelt wie die äußere Person, die meine Energien in ihre eigenen Projekte mit einbezieht. Also ist Nachdenken angesagt.

Weitere Regel: Alles das, was ich tun möchte, muss von mir auch bewusst engergetisch gefüttert werden. Alles, was existiert, besteht somit aus Energien. Wir haben zwei verschiedene Energieformen: Erstens können wir durch Nahrungsaufnahme und die innere Verarbeitung der Rohstoffe selbst Energien produzieren. Dabei handelt es sich um unsere intimsten Energien, über die wir uns mit anderen Menschen emotional tief verbinden können. Wir sollten besonders darauf achten, wie wir diese Energien verteilen, da wir immer nur einen bestimmten Teil zur Verfügung haben. Einen Großteil dieser Energien brauchen wir für die Erhaltung unseres Körpers. Geben wir zu viel dieser wertvollen Energien an andere ab, werden wir uns müde und ausgelaugt fühlen. Jeder Mensch, den wir von Herzen lieben, wird diese Energie zu spüren bekommen. Doch auch die umgekehrte Form: Jeder Mensch, über den wir uns ärgern, wird genauso mit unseren eigenen Energien genährt. Somit sollten wir gründlich überlegen, ob wir diesen Energietransfer wirklich wollen. Zweitens können wir jederzeit kosmische Energien bekommen, wenn wir diese brauchen. Dafür müssen wir uns gedanklich nur öffnen, und wir werden genug Energie bekommen. Die kosmischen Energien verdünnen ein bisschen die intimen Energien, so dass wir durch diesen Energieverbund viel weiter und stärker unsere Energien für unsere Vorhaben einsetzen können, als wenn wir diese Energiezufuhr nicht hätten. Wenn wir beispielsweise ein Projekt planen, müssen wir uns damit intensiv auseinander setzen und diesen Bereich tagtäglich mit Energien füttern. Nur so haben wir eine Chance, dass unsere Vorhaben erfolgreich werden können.

Weitere Regel: Egal wer dir was anbietet, du kannst immer ja oder nein sagen. Oftmals bekommen wir etwas angeboten, das wir annehmen oder ablehnen können. Doch diese Bejahung oder Verneinung wird unser gesamtes Leben verändern. Deshalb müssen wir im Vorfeld schon intensiv darüber nachdenken, was wir in einem solchen Fall tun können. Gerade für solche Zukunftsfragen können wir die Karten bewusst zum Ist-Zustand befragen, um herauszubekommen, was in dem gesetzten Fall passieren könnte. Die Karten sind für solche Fragen einfach ideal. Sie können uns sehr leicht zukünftige Wege einer Lebenssituation aufzeigen. Wir können also wirklich vom aktuellen Ist-Zustand ausgehend genau erkennen, welcher Weg uns zu welchem Ziel führen wird. Somit sind wir Sehende, die anhand der Orakelmöglichkeit einen Blick in die Zukunft werfen.

Weitere Regel: Wir können unserem selbst gestellten Karma nicht entfliehen. Wenn wir also mit einer Aufgabe konfrontiert werden, müssen wir uns dieser stellen, das ist der Weg. Angst brauchen wir dabei keine zu haben, doch ist gerade Angst für die meisten der größte Hemmschuh. Doch was nutzt es uns. Gerade über die Karten werden uns die karmischen Aufgabenbereiche besonders gut angezeigt. Und egal wie bitter die Pille auch sein mag, wir müssen sie schlucken. Immerhin haben wir sie schon lange im Magen liegen, nur das wir dies vergessen haben. Deshalb müssen wir uns nun erinnern, damit wir uns wieder fröhlich, locker und leicht unserem Leben widmen können. Denn mit einem verklärten Magen macht das Leben doch keinen Spaß, oder?

Weitere Regel: Ich kann den inneren und äußeren Aufgaben nicht entkommen, ich muss mich den alltäglichen Dingen des Lebens stellen. Wir alle müssen uns mit einfachen und doch wichtigen Aufgaben auseinander setzen, die zu unserem Leben gehören. Je mehr wir uns innerlich dagegen auflehnen, desto schwieriger wird sich unser Leben anfühlen. Wenn wir einen einfach zu lebenden Konflikt haben und wissen wollen, was dahinter liegt, dann können wir die Karten befragen, und wir werden eine klärende Antwort erhalten. Somit können uns die Karten in schwierigen wie in weniger schwierigen Zeiten weiterhelfen.

Weitere Regel: Menschen, die mir besonders wichtig sind, mit denen bin ich emotional verbunden. Ich bin einen energetischen Verbund eingegangen, der sich für mich im alltäglichen Leben eher belastend auswirkt, so dass ich mich von diesen Energien wieder befreien muss. Das kann ich jedoch nur, wenn ich die Energien und die damit verbundenen, gegenseitigen Ansprüche klar erkennen kann. Da wir aus mehreren Teilenergien bestehen, verbinden sich diese untereinander. Das heißt, Teile meines Partners bilden eine Partnerschaft mit Teilen von mir. Meist merken wir das nicht bewusst, spüren es jedoch, wenn unsere inneren Energieanteile durch eine direkte Handlung des Gegenübers angesprochen werden. Damit wir erkennen können, um welche Teilenergien, und auch, um was für Themen es sich hierbei handelt, können wir die Karten befragen.

Weitere Regel: Alles das, was ich einem anderen antue, bekomme ich letztlich irgendwann zurück. Das bedeutet, dass ich mir erst einmal bewusst werden muss, dass das, was mir zur Zeit passiert, ein Denkzettel ist, damit ich erkennen kann, was es heißt, wenn ich mit anderen ähnlich verfahre. Wir bekommen oft Themen in Form einer Erkenntnis gespiegelt, damit wir früh genug erkennen können, wie es ist, wenn.... Und damit wir diese Themen nicht vergessen oder sogar in ein späteres Leben mit übernehmen, bekommen wir die Chance, diese Erkenntnisse im jetzigen Leben zu erlangen und bei Bedarf zu wandeln. Über die Karten bekommen wir den Hinweis auf Lebensbereiche, denen wir momentan nicht ausweichen können, sondern denen wir uns stellen müssen. Diese Aussage bezieht sich nicht nur auf unsere Handlungen, sondern auch gerade auf unsere Gedanken. Immerhin können wir mit unseren Gedanken einem anderen schaden, deshalb sollten wir ab und zu mal überprüfen, was wir einem anderen „wünschen".

Weitere Regel: Wenn wir glücklich sein wollen, dann müssen wir auch innerlich dazu bereit sein. Das heißt, alles was uns im Leben Positives widerfahren kann, kommt nicht von ungefähr, sondern betrifft uns, da es uns betreffen soll. Doch leider lehrt uns die Erfahrung, dass es einfach zu viele Menschen gibt, die sich nicht erfreuen wollen und ihr Leben weiterhin in Trauer und Leid erleben. Somit muss uns hin und wieder vor Augen geführt werden, dass wir uns an dem, was wir haben, auch erfreuen sollen. Damit wir dies nicht vergessen, helfen uns die Karten, unsere Erinnerungen aufzufrischen.

Weitere Regel: Unsere Wunscherfüllung. Manchmal wünschen wir uns etwas, was dann zum passenden Zeitpunkt/zur passenden Gelegenheit auf uns zukommt. Doch oftmals können wir das Erlebnis nicht mehr als Wunsch identifizieren und wundern uns nur, warum uns das jetzt passiert. Wir können es in dem Moment, in dem es passiert, nicht zuordnen. Wir bekommen oftmals ein Gefühl für eine Sache, halten diese Emotion auch für sehr vertraut, wissen jedoch nicht, ob diese Angelegenheit auch jetzt noch in unser Leben hineinpasst. Auch bei diesen Fragen können uns die Karten weiterhelfen, wenn wir sie dazu benutzen.

Sie sehen, es gibt viele Möglichkeiten, wie wir mit den Karten umgehen können. Doch sollten wir dabei niemals die Regeln vergessen. Deshalb habe ich auch zu jeder Kartenbeschreibung Beispiele gebracht, die Ihnen das dahinter liegende Thema näher bringen werden.

Ich möchte vorher noch anmerken, dass die Karten lediglich nur einen Teil einer Analysemöglichkeit darstellen und keine Endgültigkeit präsentieren. Wir sollten die Karten so nutzen, wie sie am besten einsetzbar sind: Als ein Handwerkszeug, das uns hilft, eine Klärung für eine in unserem Fokus nicht mehr enthaltene Lösung herbeizuführen. Anfänglich werde ich Ihnen die elementaren Grundbedeutungen der Karten näher aufführen, nach den Prinzipien von Feuer, Wasser, Luft und Erde. Viel Spaß in der Welt der Wahrsagerei, der Zauberei und der Magie.

Herz-Karten – Kurzdefinition

Element Wasser, die Karten der Emotionen, des tiefen Gefühls.

Diese Karten beschreiben eine offene, herzliche Ebene. Sie zeigen eine positive Richtung an. Es geht hierbei um die herzliche, also emotionale Verbindung. Wenn das Herz im Spiel ist, dann geht es um unsere selbst produzierten, intimen Energien und somit immer um Themen, die uns direkt emotional betreffen und eine emotionale Verbindlichkeit darstellen. Personen in unserem Umfeld sind uns im wahrsten Sinne des Wortes ans Herz gewachsen, und genauso fühlt es sich dann auch an. Wir können uns von diesen Verbindungen nur lösen, wenn wir innerlich dazu bereit sind. Somit müssen wir uns emotional, also verbindlich den Dingen stellen, um die es geht. Wir sollten jedoch immer daran denken, dass wir uns nicht so einfach lösen können, sondern dass es immer mit einer emotionalen Verletzung einhergehen wird. Somit sollten wir uns um diese Bereiche besonders kümmern.

Pik-Karten – Kurzdefinition

Element Feuer, die Karten der Aktivität, des Durchhaltevermögens.

Pik deutet auf die innere Disziplin und Tiefe hin. Diese Spielkartenfarbe ist der „Ermahner", der uns an unsere Aufgaben, an die Lebenstiefen und an unsere Verantwortlichkeiten erinnert. Wir alle müssen hin und wieder darauf Acht geben, damit wir erkennen können, worum es geht. Oftmals versuchen wir Themen unseres Lebens zu übersehen, damit wir uns damit nicht auseinander setzen müssen. Doch genau diese Punkte greift Pik auf und zeigt uns den Weg, den wir einst eingeschlagen haben und den wir nun auch zu Ende gehen müssen. Denn alles das, was uns begegnet, begegnet uns nur, da wir uns schon vor längerer Zeit für einen bestimmten Weg entschieden haben. Zumeist sind wir dann irgendwann aus Bequemlichkeit einfach abgebogen und haben uns für etwas anderes entschieden. Dann holt uns das Begonnene zu einem bestimmten Zeitpunkt wieder ein und fordert, dass wir uns darum kümmern und es zu Ende führen. Genau diese Wege zeigt uns Pik auf, damit wir uns wieder kümmern.

Karo-Karten – Kurzdefinition

Element Luft, die Karten der Geistigen Weite, der Kommunikation.

Die Karo-Karten zeigen eine positive Richtung an. Wir können alles das, was uns betrifft, leben, müssen es jedoch nicht, da wir energetisch nicht tief mit diesen Themen verbunden sind. Karo zeigt uns somit an, dass wir uns leicht und locker dem Leben und den eigenen Aufgaben stellen können. Das ist der Weg, um den es geht. Sollten wir uns das Leben jedoch schwer machen wollen, werden wir Karo kaum zu spüren bekommen. Nur wenn wir wirklich wollen, dann können wir uns über die Bereiche, die Karo uns anzeigt, erfreuen. Das sollten wir wissen, denn Karo kann schnell vorüberziehen. Dann ist es vorbei, und das Glück ist an uns vorbeigezogen, ohne das wir es real mitbekommen haben. Oftmals nehmen wir unser Leben viel zu schwer, ohne auf die leichten Frequenzen des Lebens zu achten. Karo verweist uns wieder auf diese Leichtigkeit, und dadurch finden wir zur seichten Seite des Lebens.

Kreuz-Karten – Kurzdefinition

Element Erde, die Karten der Festigkeit, der Stabilität.

Die Kreuz-Karten zeigen uns unsere Lernaufgaben an. Alles das, was wir nicht sehen und wahrhaben wollen, bekommen wir über diesen Weg wieder in unser Bewusstsein gesetzt, damit wir es wahrnehmen können. Die meisten Menschen sind jedoch nicht bereit, sich den inneren Bereichen des Lebens zu stellen. Damit wir trotzdem eine Möglichkeit haben, unserem Lebensweg zu folgen, bekommen wir bestimmte Aspekte auf einem direkten Weg, auf der äußeren Ebene, gespiegelt. Und genau das zeigt uns Kreuz an. Die Wegkreuzungen, denen wir begegnen müssen, damit wir unser inneres Kreuz/Leid erkennen können. Wir haben einige energetische Verstrickungen, sei es aus diesem Leben oder sogar schon aus früheren Inkarnationen, denen wir uns in diesem Leben stellen müssen. Kreuz zeigt uns unsere Wegkreuzungen an, damit wir sie erkennen können. Hundertprozentig sind diese Wege für uns unangenehm, da sie uns das vor die Nase setzen, was wir nicht sehen wollen und was wir auch nicht riechen mögen. Doch genau mit diesen Bereichen werden wir dann bewusst konfrontiert. Und je eher wir bereit sind, die dahinter liegenden Wege zu erkennen, desto einfach können wir mit diesen Themen umgehen.

Herz-Karten

Die Herz-Karten stehen für die Herzlichkeit, die Offenheit, die Herzenswärme. Wenn ich mich emotional einem anderen öffnen möchte, kann ich dies nur tun, wenn ich wirklich innerlich dazu bereit bin. Somit gibt es keine halbherzige Offenheit, entweder ganz oder gar nicht. Wenn wir uns dies aus einer anderen Perspektive betrachten, können wir sehr gut erkennen, dass nur verschiedene Teile in uns emotional geöffnet sind. Wir unterscheiden uns im Inneren, in dem wir mehrere Energieanteile in uns tragen, die unterschiedlich reagieren. Und somit gibt es Anteile in uns, die eher vom realen Bewusstsein gesteuert werden, man könnte sie auch als Kopf-bezogene Teile beschreiben. Diese Anteile sind eher rational, sie werden sich emotional nicht öffnen, da ihnen dies nicht entspricht.

Wenn wir uns nun beispielsweise verlieben, dann müssen wir uns emotional öffnen, damit wir uns überhaupt einlassen können. Die Gefühlsanteile in uns werden sich darüber freuen, die Kopfanteile hingegen werden diese Gefühlswallungen kaum nachvollziehen können und somit eher dagegen sprechen als dafür. Wir alle kennen das, wenn die inneren Stimmen in uns nicht verstummen wollen und wir alle „negativen Seiten" des Partners aufgelistet bekommen. Das wiederum passiert uns nur, wenn wir uns zu stark emotional verbinden und mehr im Bewusstsein des Partners leben, als für uns selbst. Wir gehen uns dann im wahrsten Sinne des Wortes fremd. Dadurch schalten sich unsere Kopfanteile ein, um uns dieses bewusst zu machen, damit wir die geöffnete Schiene für den Partner wieder ein wenig verschließen und zu uns selbst finden. Das ist der Weg.

Schnell begeben wir uns in eine emotionale Abhängigkeit und zwar immer dann, wenn wir an uns selbst nicht glauben wollen und somit den Partner wichtiger nehmen als uns selbst. Dann müssen wir lernen, uns emotional ein wenig zu lösen, damit wir uns selbst wieder näher sind. Der Hauptaspekt dieser Konstellation liegt dann darin, dass wir lernen müssen, uns selbst am Nächsten zu sein. Wenn wir nicht bereit sein sollten, uns emotional zu nähren, wer soll es dann für uns tun? Doch immer dann, wenn wir uns selbst zu wenig Liebe geben, erwarten wir diese Emotionen von anderer Seite, und das wiederum würde bedeuten, dass wir uns in eine emotionale Abhängigkeit begeben, um die gewünschten Emotionen empfangen zu können. Wenn wir uns selbst nicht lieben, wer soll uns dann lieben und wem können wir Liebe geben? Denn egal was uns der Partner geben würde, wir können es sowieso nicht annehmen, da wir uns viel zu stark mit unserer inneren, lieblosen Trauer beschäftigen. Somit müssen wir lernen, uns selbst zu lieben, denn nur dann sind wir auch in der Lage, die entgegengebrachte Liebe anderer zu empfangen und auch Liebe zu geben.

Die Herz-Karten fordern uns somit auf, dass wir uns auf der einen Seite für bestimmte Bereiche emotional öffnen müssen. Jedoch erfahren wir auch auf der anderen Seite, mit wem wir uns emotional verbunden haben, damit wir wieder freiwillig überlegen können, ob wir diesen Verbund auch weiterhin haben wollen. Das ist der Weg, den wir über diese Karten gespiegelt bekommen.

1 Herz-Ass/das Heim

Mein zu Hause, mein Körper, meine innere Geborgenheit

Das Herz-Ass steht für die innere und äußere Häuslichkeit, hier bin ich zu Hause, hier gehöre ich hin. Alles das, was zu mir gehört, ist für mich wichtig.

Jeder Mensch braucht ein Zuhause und muss wissen, wo sein Zielhafen ist. Nur dann fühlt er sich wohl, nur dann weiß er, wo er hingehört. Er ist daheim, fast in Mutters Schoß. Er kann sich fallen und seine Seele baumeln lassen.

Solange wir unterwegs unter anderen Menschen sind, schützen wir uns automatisch energetisch, damit wir nicht zu viel von den Problemen der anderen auf uns selbst übertragen. Wir gehen in bestimmte Rollenverhalten, um in der Außenwelt existieren zu können. Wir ziehen uns einen Schutzanzug über, der uns vor negativen Einflüssen bewahrt. Und zu Hause, da ziehen wir uns aus. Wir ziehen uns unsere Freizeitkluft über und lassen uns baumeln. Hier können wir das sein, was wir sein wollen. Wir sind Daheim, geborgen und geschützt.

Jeder, der uns in diesem Haus besucht, der sollte darauf Rücksicht nehmen. Schutzlos könnten wir zu Hause einer energetischen Attacke ausgeliefert sein, ohne genau zu wissen, was geschieht. Wie das passieren kann? Stellen Sie sich vor: Sie sind zu Hause und bekommen Besuch. Natürlich stellen Sie sich innerlich darauf ein, nur dass Sie sich in Ihrem Zuhause meist nicht so schützen, als würden Sie sich außerhalb unter vielen Menschen befinden. Sollte diese Person, die Sie besucht, Ihnen nun bewusst Schaden wollen, dann hat sie eine große Chance auf Erfolg. Sie sind zu Hause eher schutzlos. Am besten merkt man dies daran, wenn jemand unerwartet an der Haustür klingelt und Ihnen etwas verkaufen will. Die meisten reagieren darauf eher verunsichert. Früher hat diese Taktik oft gewirkt, so dass einige Vertreter ihre Verkaufserfolge auf der Unsicherheit ihrer Kunden aufbauen konnten. Geschäfte sollten nun einmal nicht an der Haustür abgewickelt werden.

Kurzdefinition: Die Karte Herz-Ass beschreibt somit alle zu meinem Haus/Heim zugehörigen Bereiche, wie der Partner, andere Menschen, das Haustier und bestimmte Gegenstände. Sie ist eine positive, bejahende Karte, die jedoch auch genau anzeigt, dass wir nicht immer genau erkennen können, ob das, was zu uns gehört, auch wirklich gut für uns ist. In den meisten Fällen ist es das, jedoch nicht immer. Denken Sie daran, wenn Sie diese Karte ziehen. Überprüfen Sie einfach, ob Sie die damit verbundene Sache/Thematik auch wirklich haben wollen. Nach reiflicher Überlegung können Sie sich auf der sicheren Seite fühlen.

2 Herz-König/der Geliebte

Männliche Hauptperson, der Herzensbrecher, der Galan.

Der König und die Dame symbolisieren die männlichen und weiblichen Hauptpersonen. Somit ist der Ratsuchende, wenn er männlich ist, der Herz-König und die Ratsuchende die Herz-Dame. Der Herz-König und die Herz-Dame passen zusammen und symbolisieren ein Paar. Somit steht die Herz-Dame dem Herz-König emotional am nächsten. In der umgekehrten Form ist der Herz-König für die Herz-Dame der Herzensbrecher und ihr ebenso emotional am nächsten.

Der Herz-König symbolisiert die männliche Hauptperson, den männlichen Anteil in uns, somit das äußere Ich. Er ist der Mann der Herz-Dame und gehört zu ihr. Er ist die hauptsächliche Partnerfigur und braucht die Zweisamkeit, damit er alleine nicht auftreten muss. Gemeinsam fühlt er sich gestärkt. Lächelnd kann er sich den Lebensaufgaben widmen, er kennt die Verbindlichkeit seiner Partnerschaft und wird sich daran erfreuen. Doch wehe die Herz-Dame hegt einen Groll gegen ihn, dann kann ihm das Lachen schon mal vergehen, und er muss genau hinsehen, um zu erkennen, was er tun kann, damit wieder Freude in sein Dasein eintritt. Immerhin kann er dauerhaft mit einem emotionalen Zwist seitens der Herz-Dame nicht umgehen. Je fröhlicher er der Partnerschaft gesonnen ist, desto einfacher wird sich für ihn sein Leben anfühlen. Doch dieses Spiel steht nicht nur für die äußere Ebene, nein, gerade in uns leben wir Partnerschaft, und die gilt es besonders zu betrachten. Jeder Zwist, den ich im Außen erlebe, findet auch in meinem Inneren statt. Je mehr mir dies bewusst ist, desto einfacher kann ich mich meinem Leben widmen.

Wir alle tragen innere/weibliche wie äußere/männliche Merkmale in uns. Sollte der Ratsuchende nun weiblich sein, so spiegelt der Herz-König ihren nach außen stehenden, männlichen Anteil und ist ihr somit am nächsten. Das bedeutet: Immer dann, wenn Frauen meinen, einen starken Mann zu brauchen, dann sehnen sie sich innerlich den Herz-König herbei. Sollten wir im Realitätsleben keinen äußeren Mann als Lastenträger haben und das schleppende Gefühl in uns tragen, dass wir unser Leben mit all seinen verpflichtenden Aufgaben alleine nicht bewältigen können, dann liegt dies nur daran, dass unser innerer Mann zu faul ist mit anzupacken. Also sollten Sie, wenn Sie nach einem Partner rufen, immer hinterfragen, was Sie denn nun wirklich brauchen. Denken Sie daran: Alles das, was Sie dringend brauchen, ist in Ihnen und nicht im Außen zu finden. Somit gilt der äußere Spiegel letztlich nur dazu, um das innere Manko auszugleichen.

Sollten Sie innerlich wütend auf Ihren leibhaftigen Herz-König, also Ihren Partner, sein, dann regiert in dieser Beziehung nicht mehr die Liebe - und der Herz-König wird eher als Pik- oder Kreuz-König auftauchen -, sondern viel eher der innere Mann-/Frau-Krieg in Ihnen. Denken Sie mal darüber nach. Alles das, was Sie ärgert, spricht somit nur Sie selbst an. Ob der Partner dabei eine Resonanz in sich trägt oder nicht, ist unwichtig.

Kurzdefinition: Der Herz-König steht für die männliche Hauptperson und den männlichen Anteil in uns. Er sollte in Harmonie zur Herz-Dame stehen; ist das nicht der Fall, dann ist innerer/äußerer Zwist angesagt, der beide enorm viel Kraft kosten wird. Es stellt sich dann immer die Frage, warum die beiden streiten. Der Streit liegt immer in unseren männlichen-weiblichen Anteilen und findet auch nur dort Klärung. Je klarer die Antworten, desto eher tritt die Handlungsfähigkeit wieder ein. Je freier wir uns bewegen können, desto einfacher können wir das Leben mit all seiner Vielfalt wahrnehmen und uns an all dem erfreuen, was wir erreichen wollen.

3 Herz-Dame/die Geliebte

Weibliche Hauptperson, die Herzensbrecherin, die Schöne.

Die Herz-Dame symbolisiert die Herzensdame, also die Person, die uns/unserem Herzen am nächsten steht. Das bedeutet, dass die Herz-Dame unsere innere weibliche Komponente darstellt, die wir auch bewusst leben müssen.

Wir alle sollten zu unserem inneren Wesen stehen, doch beschreibt die weibliche Komponente das, was in der heutigen Gesellschaft eher unterdrückt wird. Die Frau spürt jede noch so kleine energetische Unebenheit, die sie wahrnehmen kann. Sie ist besonders spirituell und fast hellsichtig, da sie sehr einfach die im Raum befindlichen oder von einer Person ausgesandten Energien aufnimmt. Jeder, der hundertprozentig zu dem steht, was er tut, wird für sie kein Problem sein. Doch jeder andere, der innerlich gegen sich selbst lebt, wirkt energetisch eher unausgeglichen; und das wiederum bedeutet, dass unsere innere Frau jede Unebenheiten aufnimmt und versucht zu analysieren. Sie ist auf den Herz-König fixiert und lebt mit ihm Partnerschaft. Jede noch so kleine energetische Lüge wird sie aufnehmen und auf sich selbst übertragen. Sie versucht, die innere Ordnung für ihn herzustellen, damit er sich der äußeren Ordnung intensiver widmen kann. Das heißt nichts anderes, als dass sie ihm bewusst energetisch alle Hindernisse aus dem Weg räumt, damit er sich gezielt seinem Leben stellen kann. Dies funktioniert in uns automatisch. Sollten wir uns innerlich jedoch nicht sortieren, dann kann es uns als Frau passieren, dass wir eher meinen, den äußeren Herz-König ordnen zu müssen, um die innere Ruhe zu finden. Je mehr wir dies - äußerlich betrachtet - tun, desto schwieriger wird es für uns selbst werden. Wir können keinen anderen Menschen ändern, wir müssen jeden so annehmen, wie er ist. Immerhin hat auch unser äußerer Herz-König eine innere Frau, die für ihn die energetische Ordnung herbeiführen wird.

Sollten wir uns jedoch nicht erlauben, uns selbst zu sortieren, wird unsere innere Herz-Dame sauer werden und sich mit heftigen Stimmungsschwankungen bemerkbar machen. Je mehr wir in uns die weibliche Seite unterdrücken, desto weniger kann diese uns zur Ruhe kommen lassen. Erst wenn der Energiefluss harmonisch ist, wird auch die äußere Harmonie eintreten können. Doch wer von uns ist sich dessen bewusst? Wie gerne sind wir auf das andere Geschlecht im Außen fixiert und versuchen anhand unserer Energie die außenstehende Person in Harmonie zu bringen. Was für ein sinnloses Unterfangen. Doch je mehr wir auf den anderen fixiert sind, desto eher vergessen wir uns selbst, und das wiederum bringt uns letztlich nur dazu, uns mehr mit dem anderen als mit uns selbst zu beschäftigen. Wir kompensieren immer mehr Energien über die Person im Außen und unterdrücken uns selbst. Das kann auf Dauer nicht gut gehen.

Wenn diese Karte auftaucht, dann heißt dies - egal ob wir nun einen männlichen oder weiblichen Körper besitzen -, dass wir uns tief im Inneren mit unseren Urprinzipien auseinander setzen müssen. Wir bekommen den Hinweis: Schau auf dich. Beobachte dich. Lebst du dich? Lebst du das, was du leben willst? Wie oft gehen wir Kompromisse ein, stellen uns dem erwünschten, auferlegten Rollenverhalten der anderen zur Schau. Wir sind alle perfekte Schauspieler auf der Showbühne des Lebens. Nur was nützt uns das? Zumeist merken wir es gar nicht mehr. Manche können kaum noch unterscheiden, was ihr eigenes Thema und was das Thema der anderen ist. Sie fragen sich und bekommen kaum noch eine Antwort. Je mehr wir uns selbst und somit unsere eigene Persönlichkeit unterdrücken, desto weniger haben wir eine Chance, uns in Frieden und innerer Harmonie zu leben. Somit müssen wir wieder lernen, auf uns selbst zu achten. Wenn die Karte der Herz-Dame auftaucht, zeigt sie klar und deutlich an, dass sie eine Überprüfung will. Wer bin ich? Was lebe ich? Was will ich?

Ansonsten bestätigt diese Karte positiv und verweist darauf, dass die Themen eindeutig zu mir gehören. Jeder Mensch ist so individuell, dass es keine Pauschalregelung geben kann. Somit wird gerade hier das Individuelle angesprochen, und das ist besonders wichtig. Überprüfen Sie sich regelmäßig, ob Sie sich selbst auch treu bleiben. Sollten Sie bei dieser Frage auf ein „Nein" stoßen, dann ändern Sie es ab. Denken Sie bitte nicht darüber nach, ob Sie einem anderen mit Ihrem wahrhaftigen Verhalten schaden könnten. Jeder ist sich selbst der Nächste, und somit müssen Sie sich, genau wie alle anderen auch, leben. Das ist die Wahrheit, nach der wir alle trachten.

Kurzdefinition: Die innere Weiblichkeit, die Traumfrau. Alles, was angesprochen wird, gehört zu mir. Ich muss mich und meine Weiblichkeit leben; mich lieben, so wie ich bin, und mir vor allen Dingen selbst treu bleiben. Wenn ich so mit mir verfahre, bin ich eine ausgeglichene, glückliche Person.

4 Herz-Bube/die Befruchtung

Der Neubeginn, die neue Aufgabe, die neue Ebene.

Der Herz-Bube symbolisiert den Neubeginn. Hierbei ist jedoch nicht alleine der neue Anfang, sondern gerade auch die Leichtigkeit eines Neubeginns gemeint. Jedes Mal, wenn wir etwas Neues erschaffen, sind wir emotional damit verbunden. Das heißt, wir haben uns emotional auf eine bestimmte Ebene eingelassen, so dass sich diese nun manifestieren kann. Das ist der Weg.

Doch gleichzeitig symbolisiert diese Karte auch das ungeborene Kind. Ich spüre, dass etwas in mir heranwächst, etwas, zu dem ich einen absolut tiefen, inneren Verbund habe. So wie wir zumeist gar nicht bewusst wissen, wenn wir schwanger werden, so leicht und locker sollten wir uns den Aufgaben des Lebens stellen; immerhin sucht ein Energieanteil in uns die Möglichkeit des neuen Anfangs und wird all seine Energien auf die neue Sache legen, bis wir bereit sind, uns diesen Bereichen zu nähern. Doch die meisten inneren Energieanteile brauchen etwas länger, um zu verstehen, was damit gemeint ist, und so passiert es uns häufig, dass wir aus „allen Wolken" fallen, wenn wir mit der Wahrheit konfrontiert werden. Doch nun weiter zu der Karte: Nicht jedes Mal, wenn wir diese Karte ziehen, können wir uns über Nachwuchs freuen. Doch erinnert sie uns an die Freuden, die ein Nachwuchs in eine Familie mit hineinbringt. Immerhin ist ein Baby in den meisten Fällen der Beginn einer Familie, und somit ist ein neuer Bereich gegründet worden, zu dem wir einen tiefen emotionalen Verbund haben. Das bedeutet auch, dass dieser Neubeginn für uns besonders wichtig ist. Doch nicht jeden Neubeginn müssen wir auf der äußeren/materiellen Ebene spüren; manchmal durchleben wir allein ein Gefühl, das für unsere Seele besonders wichtig ist und uns Heilung und Freude verspricht. Je lockerer wir unser Leben gestalten, desto besser geht es uns.

Diese Karte weist uns auch im Besonderen auf unser inneres Kind hin, dass durch bestimmte Situationen zum Vorschein kommen möchte. Wir alle haben ein inneres Kind in uns, das reifen und wachsen will. Dieses wird und soll nicht erwachsen werden, es bleibt Kind und wird mit seiner spielerischen Art in unser Bewusstsein vordringen, um uns leicht infantil an die fantasievollen Reisen zu erinnern. Unser Kind will spielen, ein Spiel, das es sich ausgesucht hat und das es mit uns spielen will. Manche inneren Kinder trauern und machen sich über diese Art der Emotionen bemerkbar, und manche lachen, sind gerne lustig und haben den Schalk im Nacken. Wenn diese Karte auftaucht, dann zeigt sie uns eindeutig an, dass wir vor einem Neubeginn stehen, der sich manifestieren wird. Unser inneres Kind hat dafür gesorgt und sich mit bestimmten Bereichen verbunden. Manchmal mag uns diese Art von Überraschung unverständlich erscheinen, doch wie still und ruhig wäre es um uns herum, wenn da nicht die inneren Kinder wären, die uns mit Geschenken der Lebenslust oder des Lebensfrust überhäufen würden. Wenn Sie auf diesem Sektor eine Änderung wünschen, sollten Sie die Glaubenssätze Ihres inneren Kindes überprüfen - dann werden Sie mit den Ihnen aufgetragenen Entscheidungen wesentlich besser leben können.

Kurzdefinition: Die gezeichnete Karte weist uns auf die Befruchtung hin, die für uns oftmals unbemerkt passiert. Somit findet die Befruchtung in einer für uns nicht sichtbaren Form statt, die jedoch nach einiger Zeit nicht mehr zu übersehen ist. Wie wir dann mit dem Resultat der Befruchtung umgehen, bleibt uns selbst überlassen. Doch sollten wir immer darüber nachdenken, wer in uns/welcher Teil in uns diesen Neubeginn gestartet hat. Nichtsdestotrotz: Wir müssen uns dem Resultat stellen und das Beste daraus machen. Lernen wir, mit den Themen des Lebens einfacher umzugehen, und schon wird es uns gut gehen.

5 Herz-Zehn/die Ringe

Die Wunscherfüllung, die Ehe, der Verbund, die Verbindlichkeit – das, was ich mir einst von Herzen wünschte.

 Manchmal wünschen wir uns etwas, was dann auch als Wunsch an den Kosmos gesendet und empfangen wird und auf der sichtbaren Ebene manifestiert zurückkommt. Diese Karte zeigt eindeutig an, dass wir uns etwas gewünscht haben, was nun verbindlich auf uns zukommt. Das heißt, es ist da, und wir werden es spüren. Diese Karte zeigt auch die verbindliche Ehe an. Gerade wenn zwei Menschen zueinander gefunden haben, ist es für sie wichtig, diese Liebe und Verbindlichkeit durch eine offizielle innere/äußere Heirat zu manifestieren. Wir geben uns das gegenseitige Versprechen und werden somit auf die verbindliche Ebene der Zweisamkeit geführt. Eine Ehe ist ein Versprechen, an das man sich gebunden fühlt. Doch inwieweit sich einer wahrhaftig gebunden fühlt, das liegt nur allein an ihm selbst. Jeder, der sich auf ein Versprechen mit einer anderen Person einlässt, lebt darin nur seine eigene Verbindlichkeit und kann dasselbe nicht von seinem Gegenüber erwarten. Sollten wir uns jedoch offen ein Wort „geschworen" haben, sollte sich auch jeder der Beteiligten daran gebunden fühlen. Doch trotzdem: Nicht selten passiert es, dass die Partner unterschiedliche verbindliche Vorstellungen haben und dies auch unterschiedlich zum Ausdruck bringen. Wenn das beiden bewusst ist, dann ist dies absolut in Ordnung. Sollte jedoch einer versuchen, die Wünsche des anderen zu erfüllen, indem er so tut, als ob er der gleichen Meinung ist, dann lebt er persönlich gegen sich selbst und ist unehrlich zu sich. Wir soll-

ten schon zu dem stehen, was wir leben, und uns immer eine eigene Meinung bilden, der wir innerlich auch treu bleiben.

Die Herz-Zehn weist uns genau auf dieses Thema hin. Sie zeigt an, dass wir uns einst etwas gewünscht haben, was wir nun erhalten und in unser Leben integrieren müssen. Das heißt, wir sind emotional gebunden, müssen uns tief und absolut ehrlich mit dieser Angelegenheit auseinander setzen. Doch zumeist wissen wir nicht mehr, was wir uns einst alles gewünscht haben, deshalb sollten wir uns erinnern. Wir müssen uns dem Themenbereich stellen, der durch diese Karte angezeigt wird, damit wir den einst ausgesandten und nun manifestierten Wunsch auch verantwortungsvoll annehmen. Wir sollten dabei nie vergessen, dass das Thema zu uns gehört und wir es irgendwann haben wollten, nun ist es da und will gelebt werden. Die Frage stellt sich dann immer: Kann ich das heute auch noch gebrauchen? Und wenn nicht, was kann ich tun, um mich dieser Sache zu entledigen? Denn immerhin muss ich mich kümmern, es gehört schon zu mir.

Kurzdefinition: Die Karte zeigt zwei verbundene Ringe, die den wahrhaftigen Verbund zu uns und auch zu anderen Personen anzeigen. Auf der einen Seite fordert sie uns auf, uns zu verbinden, und auf der anderen Seite zeigt sie uns an, mit wem wir verbunden sind. Wir sollten uns immer wieder fragen, ob wir diesen Ehe-ähnlichen Verbund auch so haben wollen. Wenn nein, müssen wir uns symbolisch wieder „scheiden" lassen, damit wir uns überhaupt lösen können. Würden wir das nicht tun, wären wir Ewigkeiten an eine Person gebunden, an die wir beispielsweise gar nicht gebunden sein wollen.

6 Herz-Neun/der gefallene Engel

Der tiefe, emotionale Verbund, die polaren Seiten in mir, die positiven und negativen Aspekte im Leben.

Die Herz-Neun zeigt einen tiefen Verbund an. Wir sind mit einer Sache emotional absolut tief verwurzelt und können uns nicht einfach aus der Affäre ziehen, sondern wir müssen uns der Angelegenheit stellen. Würden wir der Situation einfach den Rücken zukehren wollen, könnten wir dies symbolisch so betrachten, als würden wir uns ein Organ aus dem Körper reißen und erwarten, dass unser Körper problemlos weiterhin funktioniert wie bisher.

Wir spüren also im Inneren, dass wir mit einer Situation/einer Person tief verbunden sind. Wir können nicht einfach den Blick davon abwenden, sondern wir müssen uns den inneren Emotionen stellen. Dies können wir jedoch nur, wenn wir verstehen, auf welcher inneren Schiene diese Sache/Person sich in uns befindet. Somit müssen wir uns die Frage stellen: Mit was/wem sind wir warum verbunden? Was erwarten wir von der anderen Person? Was soll uns die Sache bringen?

Wir alle tragen Strukturen/Prägungen in uns, die oftmals aus früheren Leben und/oder gerade aus der Kindheit stammen. Je mehr wir uns mit diesen Strukturen befassen, desto klarer und besser können wir uns in unserem Leben entwickeln. Doch oftmals sind wir nicht bereit, uns mit diesen doch eher belastenden Strukturen zu beschäftigen. Wir wollen sie in uns nicht wahrhaben und würden sie am liebsten in unserem inneren Kellerverlies einsperren. Genau das versuchen viele Menschen. Da wir uns/alle Teile in uns jedoch leben müssen, haben wir keine andere Wahl, als uns mit diesen in Dunkelheit, also im Schattenbereich, aufhaltenden Energien auseinanderzusetzen. Tun wir das nicht freiwillig, dann suchen sich diese Energieanteile andere Personen, die für uns wichtig sind, um über diese Wichtigkeit bei uns selbst Gehör zu finden. Das heißt, je mehr wir einer außenstehenden Person Aufmerksamkeit schenken, desto eher werden diese Teilenergien versuchen, sich über die geliebte Person im Außen unsere innere Aufmerksamkeit zu holen. Wie das geht? Ganz einfach. Da wir alle Schattenanteile in uns tragen, verbinden sich diese untereinander und sitzen dann auf dem Schoß des Partners/der außenstehenden Person, um uns lächelnd die Zunge herauszustrecken, und das alles nur, damit wir uns ärgern. Wenn wir uns dann ärgern, ärgern wir uns persönlich nur über uns selbst. Das wiederum heißt nichts anderes, als dass andere Teilenergien in uns sich darüber ärgern, dass die Schattenanteile das Verlies verlassen haben und nun in der vordersten Reihe unserer Beliebtheitsskala sitzen und kurzweilig die Regentschaft über uns übernommen haben. Die unzufriedenen Energieanteile in uns werden nun alles versuchen, damit wir uns vom Partner/der äußeren Person wieder distanzieren, und das nur aus dem einfachen Grund, um die äußere Projektionsfläche verschwinden zu lassen. Doch so einfach geht das nicht. Deshalb werden wir uns längere Zeit ärgern, und genau das wollen unsere Schattenenergieanteile auch, dann fühlen sie sich wohl und stehen im absoluten Mittelpunkt. Sie sehen, somit muss der emotionale Verbund zu einer Sache/Person, der durch die Herz-Neun-Karte angezeigt wird, für uns nicht unbedingt positiv sein. Diese Karte zeigt letztlich nur an, dass wir uns energetisch nicht einfach entziehen können und dass wir mit einem Schattenanteil in uns kämpfen, der sich im Außen manifestieren will. Also müssen wir auf den tiefen emotionalen Energieverbund in uns Acht geben, der durch diese Karte angezeigt wird. Nach dem Motto: Wer in uns hat das Gericht versalzen, und warum zeigt der Partner keine gute Miene zum bösen Spiel?

Kurzdefinition: Hier besteht ein tiefer emotionaler Verbund, der oftmals ein wenig übertrieben ist. Die Frage stellt sich: Wofür brauchen wir diesen Verbund überhaupt? Was versprechen wir uns von dieser Sache/diesem Menschen? Können wir uns das, was wir meinen, durch den anderen zu erfahren, nicht einfach selbst geben? Die Karte zeigt uns unseren inneren polaren Weg, also die beiden in uns wohnenden Seiten, an. Wir können uns nicht immer nur mit der Sonnenseite in uns auseinander setzen, nein, wir müssen auch die Schattenseiten in uns betrachten. Je eher wir damit anfangen, desto besser für uns.

7 Herz-Acht/die Geselligkeit

Der Tanz des Lebens, die Ausgelassenheit, die fröhliche Feier.

Die Herz-Acht zeigt uns unsere Fröhlichkeit an. Sie erinnert uns an freundliche Mitmenschen und an die Leichtigkeit des Lebens. Wir sollen uns am Leben und an der Lebendigkeit erfreuen, und unser Leben nicht so ernst und traurig nehmen. Denn alles das, was wir brauchen, bekommen wir auch, wenn wir uns dafür öffnen. Doch sind wir mit dieser Konstellation nicht im Luftelement gelandet, sondern immer noch im Wasserelement, und das bedeutet, dass wir unsere inneren tiefen Gefühle in Fröhlichkeit ausleben sollen. Darauf weist uns diese Karte hin.

Wer kennt das nicht? Wie gerne machen wir uns das Leben unnötig schwer, da wir uns durch frühere Situationen emotional immer noch betroffen fühlen. Wir wühlen in den inneren Schatzkisten der Tränen, um uns all die traurigen Erinnerungen erneut ins Bewusstsein zu rufen, die dadurch wieder mit neuer Lebensenergie gefüttert werden. Natürlich leben alte Verletzungen, die können wir nicht einfach wegstecken, doch was nützt es uns, wenn wir diese immer wieder hervorholen, ohne sie wirklich zu verarbeiten? Manche Menschen warten förmlich darauf, wieder verletzt zu werden. Dann genügt schon eine kleine Gestik des Partners, und das innere Drama, der Film beispielsweise: „Ich werde eh nie geliebt", geht wieder los. Genau so stimmt es nicht ganz, doch ein wenig schon. Ein Teil in uns trauert, und der wird sich hundertprozentig von uns nicht geliebt fühlen. Somit macht sich dieser Teil über emotionale Ausbrüche bemerkbar und tritt in Erscheinung. Je mehr wir uns nun mit unserer Trauer beschäftigen, desto weniger Heilung können wir erfahren. Verzeihen ist angesagt, und dies einerseits für uns selbst und andererseits für die anderen, über die wir Schmerz erfahren haben. Keiner möchte einem anderen wirklich schaden. Doch manchmal müssen wir verletzende Erfahrungen machen, damit wir uns an alt verwurzelte Schmerzen wieder erinnern können. Und das tut mit Sicherheit weh. Doch so schlimm können die Schmerzen gar nicht sein. Diese Karte weist uns auf eine innere Disharmonie hin und gleichzeitig auch darauf, dass wir in einer inneren Erwartungshaltung stehen, nur um wieder eine äußere Bestätigung unserer inneren Vorstellung zu bekommen. Wir können somit jederzeit mit diesen schmerzvollen Spielen aufhören. Wir müssen es nur wollen.

Deshalb fordert uns diese Karte zum Spaß und Spiel auf: Gehe unter Menschen, habe Spaß und lache, und dir wird es gleich viel besser gehen! Diese Karte ist eine Einladung, sich in die lebensbejahenden Bereiche des Lebens zu begeben. Doch sollten wir dabei niemals vergessen, dass diese nicht automatisch auf uns zukommen. Nein, wenn wir sie erfahren wollen, müssen wir uns schon dorthin bewegen. Keiner ist alleine. Wenn wir wollen, können wir Freunde finden und uns mit ihnen austauschen, ganz wie es uns beliebt.

Kurzdefinition: Lerne, dein Leben mit Liebe und Hingabe, leicht und locker zu gestalten. Vergesse nie, jeder hat Lernaufgaben. Es liegt alleine an uns, ob wir uns unser Leben schwer machen, oder ob wir es rhythmisch wie in einem Walzerschritt tänzelnd meistern. Also sollten wir einmal gründlich darüber nachdenken.

8 Herz-Sieben/das Spiegelbild

Die Liebe, die Eigenliebe, das tiefe Vertrauen zu sich selbst.

 Die Herz-Sieben ist die Karte der Liebe, der tiefen Zuneigung. Wenn wir lieben, dann sind wir emotional geöffnet. Wir lassen unseren Emotionen freien Lauf. Wir brauchen uns nicht zu verstecken, und wir haben keine Angst davor, Verletzungen zu erleben. Diese Karte sagt: Vertraue und du wirst sehen, dass es richtig ist. Wenn wir nicht wagen, können wir auch nichts gewinnen. Somit fordert diese Karte dazu auf, uns für die Liebe zu öffnen. Doch was alles können wir lieben? Wenn wir uns damit beschäftigen wollen, sollten wir uns darüber klar werden, dass die Liebe lediglich eine verbindliche Emotion darstellt. Durch die Liebe können wir uns mit allem emotional verbinden, womit wir uns auch verbinden wollen – das können Personen, Tiere, Gegenstände oder auch Ereignisse sein. Nur letztlich passiert immer dasselbe: Wenn wir uns mit unseren Lieblingsthemen beschäftigen, öffnen wir uns emotional nicht nur für die äußere Ebene, sondern gerade auch für uns selbst. Somit beschäftigen wir uns automatisch mit der Eigenliebe. Das ist das Hauptthema: Wir müssen uns lieben, so wie wir sind. Können wir das jedoch nicht, dann liegt es nur daran, dass wir uns selbst kritisieren und uns dadurch selbst Fallbeine in den Lebensweg stellen. Wir sollten lernen, uns mit dem Thema der Eigenliebe zu beschäftigen. Solange wir uns selbst nicht lieben, solange können wir auch keine Liebe eines anderen annehmen. Wir würden uns im wahrsten Sinne des Wortes gegen die Liebe stellen.

„So wie ich mit mir selbst umgehe, zeige ich anderen, wie sie mit mir umgehen sollen." Ich bin mein eigenes Vorbild. Und wie sollte ich jemals die Liebe eines Partners annehmen können, wenn ich mich selbst nicht als liebenswert empfinde. Ich müsste doch immer an seinen/ ihren Liebesbeteuerungen zweifeln, da ich mir selbst nicht vorstellen kann, dass ich es wert bin, geliebt zu werden. Erst wenn ich mich selbst liebe, bin auch ich in der Lage, die Liebe eines anderen zu empfangen. Und da wir alle nach dem Prinzip der Resonanz leben, wird auch mein Partner meine Liebe nicht annehmen können, wenn ich seine nicht annehmen kann. Doch wir alle sind lernfähig, und so werden wir in Sachen Liebe und emotionaler Nähe fündig werden. Jedoch nur, wenn wir es wollen.

Kurzdefinition: Die Herz-Sieben weist uns auf das wichtige Thema der Liebe hin, damit wir nicht vergessen, in Liebe zu leben. Die gezeichnete Karte zeigt uns eine Frau, die selbstkritisch in den Spiegel schaut und innerlich überprüft, ob sie mit sich selbst glücklich und zufrieden ist. Taucht bei dieser Frage ein „Nein" auf, muss sie sich solange verändern, bis sie rundum mit sich zufrieden und glücklich sein kann. Wir sollten bei diesem doch so wichtigen Thema auch einmal darüber nachdenken, wie unsere Mutter/Eltern mit ihrer Körperlichkeit umgegangen sind, daran können wir zumeist erkennen, was wir unbewusst nachleben. Je klarer wir uns über unsere Verhaltensmuster werden, desto eher können wir uns zu dem liebenswertesten Menschen in unserem Leben entwickeln. Wir müssen es nur wollen.

Pik-Karten

Die Pik-Karten stehen für die innere und äußere Disziplin. Wir müssen manchmal im Leben ermahnt werden, damit wir uns daran erinnern, was wir für Aufgaben und Verpflichtungen für dieses Leben übernommen haben. Immer wieder versuchen einige dieses leidige Thema zu umgehen und widmen sich eher den schlichten und einfachen Bereichen des Lebens. Sie wollen sich nicht an ihre inneren Absprachen und an die einst auferlegten Verpflichtungen halten. Eine Zeit lang wird dies gut gehen, doch nach einer Weile holt uns unser schlechtes Gewissen wieder ein und wird uns ermahnen, damit wir uns wieder erinnern, warum wir inkarniert sind. Gerade diese Aufgabe übernehmen symbolisch betrachtet die Pik-Karten. Sie zeigen uns die Bereiche, denen wir uns stellen müssen. Je mehr wir gewillt sind, unser Leben in voller Verantwortung zu leben, desto besser werden wir uns dem Leben stellen können.

Sollten wir jedoch die eine oder andere Aufgabe in der Hektik des Alltags vergessen, werden uns die Pik-Karten daran erinnern. Oftmals versuchen wir unangenehmen Situationen aus dem Weg zu gehen, was den angeblichen Vorteil hat, dass sich die Themen automatisch lösen. Doch genau das stimmt nicht, und je mehr wir versuchen, den eigenen Verpflichtungen auszuweichen, desto eher werden diese sich uns in den Weg stellen. Woran Sie feststellen können, ob Sie noch verschlossene, Ihnen nicht direkt sichtbare Lernthemen haben, lässt sich durch die folgende Übung sehr leicht erkennen: Stellen Sie sich dafür eine bestimmte Personen vor, fühlen Sie in sich hinein, spüren Sie ein Grummeln im Magen? Wenn ja, dann liegt dies nur daran, dass Sie über Ihre Wahrnehmung genau spüren, dass es sich bei dieser Verbindung um eine emotional belastete, noch offene Rechnungen handelt. Je mehr Sie sich nun auf diese Emotionen einlassen, desto eher können Sie feststellen, was das hinter der Emotion liegende Problem ist. Haben Sie das erkannt, können Sie es wandeln.

Offene Rechnungen sind energetische Verstrickungen, die noch nicht gelöst wurden, und nun nach einer Lösung schreien. Wenn wir versuchen, im Alltagsgeschehen unsere emotional belasteten Energien dezent zu vergessen, tauchen diese immer wieder auf, um uns an sie zu erinnern. Je weniger wir dies jedoch sehen wollen, desto eher werden wir versuchen, bewusst unsere Augen vor der Wahrheit zu verschließen.

Die Pik-Karten zeigen uns unsere offenen Rechnungen, damit wir sie nicht vergessen und somit begleichen. Das ist der Weg, um den es sich handelt. Doch nun wollen wir uns den einzelnen Bedeutungen der Pik-Karten zuwenden.

9 Pik-Ass / der Vertrag

Der bindende Vertrag, die Verbindlichkeit, die feste Absprache.

Pik-Ass steht für Verträge, die eingehalten werden müssen. Wenn wir einen Kauf tätigen wollen, dann suchen wir uns die gewünschte Ware aus, gehen zur Kasse, bezahlen und haben somit einen Kaufvertrag abgeschlossen. Dies ist der einfachste Weg. Doch was ist, wenn wir im Vorfeld schon ein verbindliches Einverständnis zu einer Sache gegeben haben und uns nun nicht mehr daran gebunden fühlen? Öfter passiert es, dass wir interessiert sind und dieses auch offen nach außen demonstrieren. Dann führen wir Verkaufsgespräche, in denen wir ein großes Interesse vermitteln. In der Phase des Gespräches sind wir auch davon überzeugt, doch dann zu Hause angekommen stellen wir uns innerlich dagegen und entscheiden uns anders. Doch was ist mit dem Verkäufer, mit dem wir das Gespräch geführt haben - sagen wir ihm ab? In den meisten Fällen nicht; wenn wir uns anders entschieden und noch keine verbindliche Unterschrift geleistet haben, ziehen wir uns zumeist einfach aus der Affäre. Viele handeln so, deshalb fällt es kaum noch besonders auf. Doch was ist, wenn wir eine verbindliche Zusage tätigen? Dann wird dies durch unsere Unterschrift besiegelt. Wir sind somit einen verbindlichen Vertrag eingegangen, und dieser hat Gültigkeit. Wenn wir uns aus diesem Vertrag wieder lösen wollen, müssen wir dies offen und schriftlich tun. Immerhin zählt in einem solchen Fall nur das geschriebene Wort.

Doch wie oft gehen wir verbindliche Zusagen ein, die nicht schriftlich bestätigt werden und denen wir uns trotzdem stellen müssen. Wir versuchen der Situation zu entfliehen, indem wir uns darum bewusst nicht kümmern wollen. Doch so einfach geht das meist nicht. Wir bekommen sehr schnell ein schlechtes Gewissen. Mindestens ein Teil in uns ist der Meinung, dass wir anders handeln müssten. Was machen wir dann mit dem schlechten Gewissen? Wir können versuchen, uns abzulenken und uns mit anderen Dingen intensiv zu beschäftigen. Doch nichtsdestotrotz müssen wir uns um die Angelegenheit kümmern. Zumeist sprechen wir dann auch noch mit anderen über die Situation, um eine Art Absolution zu bekommen. Doch auch das wird uns unseren Seelenfrieden nicht zurückbringen, und so müssen wir uns den inneren und äußeren Themen stellen. Immerhin will mindestens ein Teil in uns, dass wir dies tun. Solange der eine Energieanteil in uns keine Ruhe gibt, solange stehen wir auch in einem direkten Energieverbund zu der anderen Person und spüren deutlich, was der andere über diese Situation empfindet. Immerhin läuft in einem solchen Fall über einen längeren Zeitraum eine nonverbale Verkaufskommunikation. Hätten wir dem Verkäufer nur offen gesagt, dass wir von der Verkaufsoption zurücktreten, dann hätte sich das Thema erledigt und wir bräuchten kein schlechtes Gewissen mehr zu haben. Unseren inneren Seelenfrieden würden wir sofort wieder finden. Doch was ist mit Menschen, die stetig solche Optionen eingehen, sie jedoch nicht einhalten? Diese Menschen drehen sich innerlich im Kreis und fühlen sich permanent belastet, ohne genau zu wissen warum. Je klarer wir mit unseren Mitmenschen verfahren, desto besser werden wir uns in unserem eigenen Leben fühlen. Ein Energieverbund zu einem anderen Menschen kann einen ganz schön in Beschlag nehmen, wie wir anhand des folgenden Beispiels sehen können.

Eine Mutter, die einen zweijährigen Sohn hat, möchte abends weggehen. Sie bestellt sich einen Baby-Sitter, der auf ihr Kind aufpassen soll. Alles ist geregelt, doch tief im Inneren kann die Mutter den Abend nicht genießen. Sie sehnt sich nach ihrem Kind und hat ein schlechtes Gewissen, dass sie ihn für ein paar Stunden, zwar mit einem erfahrenen Baby-Sitter, doch im Grunde genommen alleine gelassen hat. Mutter und Kind haben einen direkten Energieverbund, und somit wird das Kind die Gefühle der Mutter wahrnehmen. Es spürt, dass die Mutter Sehnsucht hat und wird diese Emotionen empfangen. Somit leitet die Mutter auch ihr schlechtes Gewissen zum Kind, und beide stehen sich in Gedanken entsprechend emotional gegenüber. Das Kind wird mit Sicherheit bis zum Auftauchen der Mutter sehr unruhig sein, denn erst wenn die Mutter wieder zu Hause ist, wird auch sie innerlich wieder ruhig sein. Sie sehen, so übertragen sich Energieinformationen. Wäre die Mutter mit einem guten Gefühl ausgegangen, dann wäre es für alle Beteiligten ein schönerer Abend geworden. Ein Kind reagiert hundertprozentig auf die Gefühle der Mutter. Wenn die Mutter signalisiert: „Es ist alles in Ordnung", dann wird das Kind darauf reagieren, und für die kleine Kinderwelt wird somit alles auch energetisch in Ordnung sein.

Kurzdefinition: Wenn die Karte Pik-Ass/Verträge auftaucht, geht es um unsere inneren und äußeren Verträge, die wir einhalten müssen. Wir können uns nicht einfach einer Situation entziehen. Wir müssen uns um alles das, was uns betrifft, kümmern. Diese Karte erinnert uns daran. Sie verweist uns auf unsere inneren Verbindlichkeiten, die nun auf uns zukommen und um Aufmerksamkeit und Erfüllung bitten. Sollten wir jedoch vor einem neuen Vertrag stehen, dann sollten wir ihn nach reiflicher Überlegung auch verbindlich eingehen.

10 Pik-König/der strenge Vater

Die Disziplin, die Strenge, der Lehrer.

 Der Pik-König ist im Grunde genommen so etwas ähnliches wie eine Gerichtsperson. Eine männliche Person, ähnlich wie ein Vater. Dieser Mann wirkt zumeist älter und reifer als wir selbst. Er erhebt den Finger und will uns ermahnend auf unsere zu erledigenden Aufgaben im Leben aufmerksam machen. Wir lauschen auf seine Lebenserfahrung. Wir hören ihm zu und nehmen das Wissen, das er uns vermittelt, dankend auf. Er ist weise, und diese Weisheit wird uns Themenbereiche erfahren lassen, die wir wiederum für unser Leben brauchen, damit wir uns finden können, nur so sind wir in der Lage, darauf zu achten. In den meisten Fällen sind wir nicht gerade erfreut darüber das wahrzunehmen, was wir gerade hören. Es ist für uns zumeist unangenehm, die Wahrheit zu hören. Besonders stark ist dies, wenn wir die Augen vor der Realität verschlossen haben. Doch so unangenehm die Wahrheit auch sein mag, wir müssen uns ihr stellen, das ist unsere Aufgabe.

Der Pik-König klärt uns auf. Dabei beurteilt er uns auch ein wenig, deswegen benutze ich den Ausdruck Gerichtsperson. Wir stehen symbolisch gesehen vor unserem inneren Gericht und sollten dabei selbst über uns nachdenken und uns beurteilen. Um das zu begreifen, werden wir uns ein wenig mehr mit der Thematik auseinander setzen. Wenn wir sterben, dann schließen wir dieses Leben ab, indem wir uns noch einmal alle wichtigen Lebensphasen, teilweise dreidimensional, anschauen. Wir betrachten dadurch unser Leben und unsere eigenen Verfehlungen aus einer anderen Perspektive und fällen ein eigenes Urteil über unser Lebenswerk. Somit prägen wir in diesem Leben auch schon unser zukünftiges Leben. Denn alles das, was wir in einer Inkarnation „verbockt" haben, müssen wir auch wieder in einer Inkarnation gerade rücken. Das ist unsere Aufgabe. Damit sich nach diesem Leben nicht so viele offene Rechnungen ansammeln, haben wir stets die Möglichkeit, während unseres Lebens genau hinzuschauen, um zu erkennen, um was es geht. Und gerade eine Person, die wir als wichtig und wertvoll erachten, die uns einiges zu sagen hat, ist dafür Gold wert. Deshalb sollten wir auch niemals böse auf eine Person sein, die uns unsere eigenen Verfehlungen vor die Nase hält. Nein, wir sollten die Chance ergreifen, und uns viel mehr um uns selbst kümmern, damit wir unsere energetischen Verhaltensmuster erkennen und uns von negativen Belastungen befreien können.

Kurzdefinition: Der Pik-König symbolisiert eine wichtige Person, von der wir einiges lernen können. Wir sollten uns intensiv mit dem Spiegelbild, das die andere Person für uns bereithält, auseinander setzen. Alles das, was wir an einem anderen bewundern, bewundern wir eigentlich nur an uns selbst und sollten uns somit auf die innere Suche machen, um das zu finden, was wir brauchen. Das ist der Weg, um den es geht. Diese Karte fordert uns auf genau hinzusehen.

11 Pik-Dame/die strenge Mutter

Die Disziplin, die Strenge, die Lehrerin.

Die Pik-Dame steht für die innere Vertraute, die Mutter, die disziplinierte Freundin, die uns sagt, um was es geht. Hierbei werden besonders die Themen innere Disharmonie, Unruhe und Zwiespalt angesprochen. Je mehr wir uns mit uns selbst auseinander setzen, desto eher werden wir immer wieder überprüfen, was wir bewusst und auch unbewusst leben. Doch wie oft leben wir in einem Rollenverhalten und somit nicht selten gegen uns, anstatt uns bewusst mit uns selbst zu beschäftigen. Wenn wir dies nicht tun, dann richten wir unsere Energien gegen unser Urnaturell, und dies nur, um dem anderen zu gefallen und auch aus der Angst heraus, ihm weh zu tun. Viele Menschen trauen sich nicht, ihr wahres „Ich" zu zeigen, da sie der Meinung sind, dass der Partner damit nicht leben kann, da er ein anderes Bild von seinem Partner - also von mir - in sich trägt, als ich nun einmal wirklich bin. Damit wir diese Einstellung und somit das Rollenverhalten ändern können, hilft uns dabei der Gedanke, dass wir aus mehreren Teilenergien bestehen und verschiedene Energiekomponenten in uns tragen. Wir müssen zu all dem stehen, was wir sind. Doch viele tun dies nicht und leben Rollenverhaltensmuster, die sie tief im Inneren gar nicht leben wollen. Doch woher kommt das? Meist prägen wir solche Verhaltensmuster aus der Kindheit und richten Energien gegen uns, um beispielsweise der Mutter helfen zu können. Damit wir uns jedoch an diese unbewussten Verhaltensmuster erinnern können, brauchen wir Situationen oder ähnlich gelagerte Personen, die uns an unsere eigenen Verhaltensweisen erinnern. Wir müssen uns einer unbewusst gelebten Rolle wieder bewusst werden, damit wir sie wandeln können.

Die Pik-Dame erinnert uns an genau diese in uns verhafteten, alltäglich gelebten Energiestrukturen, die uns eher schaden, als dass sie uns helfen. Wir erinnern uns an unsere eigenen unbewusst gesetzten, disziplinierenden Glaubenssätze, die wir leben, obwohl sie uns eher schaden, als nutzen. In der Kindheit übernehmen wir Verhaltensmuster von den Eltern und leben diese nach. Später, wenn wir selbst erwachsen sind, wollen wir unser eigenes Ich-Bewusstsein leben und unser Leben selbst gestalten. Das wiederum fällt uns jedoch besonders schwer, wenn wir uns innerlich gegen uns selbst gestellt haben. Wir müssen uns den Gewohnheitsmustern in uns stellen und überprüfen, ob wir diese weiterhin so leben wollen. Die Pik-Dame holt uns unsere Muster nach vorne in unser Bewusstsein, damit wir uns erinnern können. Deshalb ist ihre Nachricht an uns: Sei behutsam und wachsam mit dir. Achte darauf, was du tust. Wenn du Themen aus der Kindheit nachlebst, dann werden sie im Laufe der Zeit Eigenläufer und dir immer ähnlicher. Überprüfe stets, ob du das, was du lebst, auch wirklich willst. Passe dich niemals an, auch nicht nur zum Gefallen anderer, selbst wenn die dich anders haben möchten. Bleibe immer du selbst und überprüfe zeitweise, ob du dir auch selbst treu geblieben bist. Wenn nicht, dann ändere deine Verhaltensmuster, und es wird dir gleich wesentlich besser gehen. Also achte auf dich, und sei verantwortungsvoll deiner Person gegenüber. Denke daran: Nur du alleine trägst die Verantwortung für dein Leben und kein anderer, auch wenn du dies manchmal so gerne hättest.

Kurzdefinition: Die Pik-Dame erinnert uns an unsere unbewusst gelebten Verhaltensmuster. Sie zeigt uns allein durch ihre Präsenz, auf welchem Bereich wir uns selbst untreu sind. Je tiefer wir uns auf uns selbst einlassen, desto eher werden wir uns unsere eigene Treue konstant schwören. Das macht das Leben erst richtig lebenswert.

12 Pik-Bube/die Kommunikation

Gespräche, klare Vorstellungen, ausgesprochene Worte.

Der Pik-Bube steht für die Kommunikation. Er fordert uns auf, miteinander zu reden und energetisch nonverbale Verstrickungen aufzulösen. Wir kommunizieren über verschiedene Kanäle und erreichen uns somit auch auf unterschiedlichen Ebenen. Wir kommunizieren viel mehr nonverbal als verbal. Das bedeutet wiederum, dass wir viel mehr Informationen von unserem Gesprächspartner nonverbal aufnehmen, als dieser verbal in Worten ausspricht. Wir nehmen diese Informationen zusätzlich zu dem geführten Gespräch auf und fällen unser eigenes Werturteil über die Situation. Das bedeutet jedoch auch, dass wir uns den Themen des anderen, die wir nonverbal aufgenommen haben, zusätzlich stellen müssen. Wir wissen nun um Dinge, die uns zwar offiziell nicht genannt wurden, die wir jedoch unbewusst wahrgenommen haben. Und somit spüren wir sehr genau, ob sich jemand wirklich darüber freut, uns zu sehen oder auch nicht. Ein Lächeln an der Eingangstür kann die wahrhaftige Information des „Nicht-willkommen-seins" auch nicht verstecken. Das sollte uns immer bewusst sein.

Die meisten energetischen Verstrickungen erfahren wir auf diesem Weg. Wir wissen etwas anderes, als wir über das Gesagte erfahren haben. Wir würden nun gerne ein offenes Gespräch mit unserem Gegenüber führen, trauen uns jedoch nicht, da wir nicht wissen, wie der andere darauf reagieren wird. Oftmals ist es uns fast peinlich, die anderen Informationen empfangen zu haben. Häufig trauen wir unseren eigenen Gefühlen nicht und versuchen, uns mit anderen Gedanken zu beruhigen und abzulenken. Wenn es sich bei dem Gesprächspartner nur um eine Person handelt, mit der wir wenig zu tun haben, können wir nonverbal erhaltene Informationen zumeist einfach wegstecken, sie interessieren uns nicht sonderlich. Doch was ist mit unserem Partner? Oder Personen, die sich sehr nah in unserem Umfeld aufhalten? Was ist mit denen? Was ist damit, wenn wir Informationen aufgenommen haben, die wichtig sind und die der Partner uns jedoch verbal nicht mitgeteilt hat? Stetig werden wir die nicht ausgesprochenen Information aufnehmen und unbewusst darauf reagieren. Natürlich hält auch der Partner einen Spiegel für uns bereit, und natürlich erkennen wir darüber unsere eigenen Themen, somit sollten wir ehrlich auf uns schauen. Doch was können wir bezüglich der anderen Person tun? Darüber reden, einfach sprechen. Was kann uns schon passieren? Natürlich kann es sein, dass der Partner das von uns empfangene Thema ablehnt und uns unseren „Schuh" als den eigenen zurückgibt. Doch trotzdem, egal was wir empfinden, ein Stückchen Wahrheit ist immer dabei. Also sollten wir niemals über Schuld oder ähnliches reden. Höchstens darüber, dass wir ein Gefühl in uns tragen und die Vermutung haben, dass ... . So können sie gemeinsam Situationen miteinander lösen, ohne dass sich einer verletzt fühlen wird. Je mehr Sie klären können, desto besser für Sie und natürlich auch für die Situation.

Kurzdefinition: Der Pik-Bube fordert uns zum Gespräch auf. Er will, dass wir reden und die Themen, die uns belasten, aussprechen. Nur so können wir uns von unangenehmen Emotionen befreien. Egal was zwischen zwei Menschen steht, wenn das Thema ausgesprochen wurde, dann findet eine Klärung statt, und das ist jede Art von Kommunikation wert. Wir sollten uns ganz bewusst dieser Situation stellen, damit wir unsere Erfahrungen sammeln können. Die Aufforderung lautet: Rede, und du wirst sehen, dass es nichts gibt, was dich hindert. Deine Gedanken werden sich in Luft auflösen, und du wirst erleichtert aufatmen können. Es lohnt sich.

13 Pik-Zehn/der Umzug

Die äußere Wandlung, die Veränderung, der Umzug.

Die Pik-Zehn zeigt einen Wandel und Wechsel an. Wir ziehen beispielsweise um, kaufen ein neues Auto, beginnen eine neue Arbeit oder lösen uns von einer langjährigen Partnerschaft. Diese Karte zeigt jeglichen Umbruch an. Wir haben uns vor geraumer Zeit innerlich verändert, und nun passen die äußeren Gegebenheiten nicht mehr zu den inneren. Somit müssen sich nun auch die äußeren Situationen entsprechend ändern, damit sie zu der neuen Lebenseinstellung passen. Das ist der Weg und die dahinter liegende Aufgabe.

Immer dann, wenn wir alte Lebensgewohnheiten ablegen, dann ändern wir unsere innere Einstellung. Alles das, was wir bis dahin gebraucht haben, das haben wir auch bekommen. Vielleicht brauchten wir sogar einen Partner, der uns tagtäglich mit unserem inneren Spiegelbild genervt hat. Und dann haben wir das Muster verstanden - das Muster, nach dem wir gelebt haben. Durch das Erkennen konnten wir es wandeln und auch ändern. Und nach einer Weile und regelmäßiger Arbeit an uns selbst haben wir dann diese Struktur verlassen. Wir haben uns innerlich gewandelt. Doch was ist mit dem Umfeld? Das hat sich nicht gewandelt, kann uns jedoch nicht mehr so erreichen, wie es früher einmal war. Wir haben das Spielfeld verlassen. Wir brauchen die andere Person im Außen nicht mehr. Auch wenn es sich hierbei um einen Partner handeln sollte, kann es durchaus sein, dass wir ihn für unser zukünftiges Leben nicht mehr brauchen. Wenn wir uns das aus dieser Perspektive betrachten, können wir erkennen, dass wir mit dem Partner ein Spiel gespielt haben. Die Regel des Spiels lautete: Sich alltäglich den gegenseitigen Spiegel vor die Nase zu halten. Natürlich sind beide in einem solchen Moment emotional betroffen, und natürlich ärgert man sich über den anderen, anstatt über sich selbst nachzudenken. Doch genau dazu war der Spiegel gedacht, um zu erkennen, dass alles das, was mich an meinem Gegenüber/Partner ärgert, letztlich nur eine innere verletzte Struktur ist, die ich über den Partner erkennen sollte. Wenn ich das verstanden habe und mich meiner verletzten Struktur annehme und diese bearbeite, dann kann der Partner über diese Struktur keine Spiegelung mehr hervorrufen. Somit können wir uns rein theoretisch nicht mehr ärgern. Das Spielfeld bleibt ruhig. Doch was bleibt sind zwei Menschen, die sich erst einmal neu begegnen und kennen lernen müssen, denn die bisherige wichtige Partnerschaftskomponente – der Streit über die Spiegelung – ist nun nicht mehr da. Sollten beide danach keine neuen Anhaltspunkte mehr finden, kann es sein, dass sich die Partnerschaft auflöst, obwohl wir dies bewusst gar nicht wollen. Doch irgendwann ist es so weit, und die Partner werden sich in Frieden voneinander lösen. Es nützt keinem etwas, sich im Vorfeld darüber den Kopf zu zermartern. Wir können daran sowieso nichts ändern.

Kurzdefinition: Die Pik-Zehn zeigt uns eine Wandlung an. Sie sagt uns, dass wir innerlich einiges geändert haben und dass es nun an der Zeit ist, die äußere Wandlung vorzunehmen. Somit bekommen wir anhand dieser Karte die Aufforderung zum längst anstehenden Umzug, der uns auf einen neuen Weg führt. Wir können nicht mehr zurück, die Veränderung wird so oder so eintreffen. Wir haben keine andere Wahl, als uns der äußeren Situation zu stellen. Diese Karte symbolisiert die manifestierte Form unserer Träume nach innerer getaner Arbeit, und mehr nicht.

14 Pik-Neun/die Geduld

Alles braucht seine Zeit; es ist noch ein langer, weiter Weg; die Aufforderung: Habe Geduld!

Pik-Neun ist genauso wie die Pik-Acht eine Zeitkarte. Sie beschreibt uns einen langen, gemächlichen Weg, den wir beschreiten müssen und den wir noch vor uns haben. Dieser Weg fordert unsere volle Aufmerksamkeit und viel Geduld. Gerade wenn wir auf den zukünftig erwünschten Erfolg einer Sache die Karten befragen und daraufhin als Antwort die Pik-Neun ziehen, bekommen wir eindeutig angezeigt, dass wir uns gedulden müssen, da es noch eine Weile dauern wird, bis es so weit ist. Doch mal ehrlich gesagt: Wer in der heutigen schnelllebigen Zeit ist überhaupt noch bereit, Geduld aufzubringen und somit zu warten? Die meisten doch nicht, oder? Doch wir müssen uns in Geduld üben, und immer wieder und wieder positiv an unsere Vorhaben denken, um überhaupt ans Ziel zu kommen.

Wenn wir dazu nicht bereit sind, haben wir ein großes Problem. Schon alleine unser Leben braucht Zeit, von Anbeginn bis zum Ende. Alles braucht nach unserer irdischen Vorstellung Zeit. Wir können diesen Zustand, auch wenn wir es noch so gerne wollen, nicht verändern, wir sind dazu nicht in der Lage. Doch wie gerne sehnen wir uns nach einer Zeitphase, die unsere Herzen höher schlagen lässt. Wie gerne möchten wir den geliebten Partner wiedersehen, um ihn in die Arme zu schließen. Doch was können wir tun? Nichts, wir müssen warten. Gerade anhand solcher Konstellationen erfahren wir, was es heißt,

Geduld zu haben, und das wiederum ist besonders wichtig für unser Leben. Denken Sie an die Vorfreude der Kinder, wenn diese auf Weihnachten warten, auf die Geschenke, auf die vielen Überraschungen. Doch auch sie haben Geduld, sie zählen die Tage. Und dann ist die Freude besonders groß. Damit wir das niemals vergessen und jede Zeitphase, die uns in Ekstase bringt, genießen können, müssen wir uns hin und wieder in Geduld üben, damit wir wissen, was es heißt, wenn.... Das ist unsere Aufgabe, die wir brauchen und nach der wir uns richten sollten.

Doch wie ungern nehmen wir Wartezeit in Kauf. Je mehr wir jedoch drängeln, desto länger und unerträglicher wird es. Stellen wir uns dazu kurz das Beispiel einer Kassenschlange vor. Wir sind in Eile und wollen besonders schnell den Laden wieder verlassen können. Nun gibt es fünf Warteschlangen. Wir wählen uns eine aus, ohne jedoch genau auf unser Gefühl zu hören. Es dauert und dauert; und dann muss die Kassiererin auch noch eine neue Kassenrolle einlegen. Innerlich kochen wir. Doch dann endlich sind wir an der Reihe, schnell und hektisch legen wir die Waren auf das Rollband und danach in den Wagen, um in Windeseile alles im Kofferraum zu verstauen, den Parkplatz zu verlassen und nach Hause zu fahren. Wir gehen gestresst aus dem Laden heraus. Was haben wir davon gehabt? Nichts. Hätten wir uns gelassen an eine Schlange angestellt - vielleicht hätten wir dann sogar eine andere gewählt, bei der es etwas schneller vorangegangen wäre - und in Seelenruhe gewartet, bis wir an der Reihe sind, dann hätten wir gelassen bezahlen können und wären zufrieden nach Hause geschlendert. Das Ganze hätte dann höchstwahrscheinlich auch nicht mehr Zeit in Anspruch genommen als der hektische Einkauf. Jedoch der Krafteinsatz wäre wesentlich geringer gewesen. Da Kraft und Energie, genauso wie Zeit und Geld gerechnet wird, hätten wir einiges sparen können, und das wiederum hätte uns glücklich gestimmt. Ich rate keinem im Stress einzukaufen. Lieber abwarten und den Laden dann betreten, wenn Sie die nötige Muße dazu haben, und schon wird alles ganz einfach sein.

Kurzdefinition: Die Pik-Neun erklärt uns, dass wir uns in Geduld üben sollen. Wir sind schon auf dem passenden Pfad, es braucht jedoch noch einiges an Zeit, bis wir unser Ziel erreichen können. Also lehnen wir uns doch einfach gemütlich in den Sessel zurück und warten gelassen auf die Dinge, die da kommen mögen. Natürlich werden wir uns auch weiterhin kümmern, das steht hier außer Frage. Je intensiver und gelassener der Energieeinsatz, desto größer wird der Erfolg sein, also es lohnt sich.

15 Pik-Acht/die Schnelligkeit

Alles kommt über den kurzen Weg, schnell auf uns zu und erwartet spontane Handlungen.

Pik-Acht stellt auch wiederum eine Zeitkarte dar. Alles passiert in Kürze. Bald ist es so weit. Sehr schnell werden wir unsere Erfahrung machen. Die Post ist schon unterwegs. Der Weg ist nah. Die Lösung liegt uns schon fast vor den Füßen. Das sind die Aussagen der Pik-Acht. Sie zeigt uns deutlich an, dass alles im Fluss ist und bald als Resonanz auf uns zukommen wird. Wir können nicht mehr allzu lange warten, und wir sollten es auch nicht mehr lange hinauszögern - angehen ist angesagt und zwar jetzt. Sollte es sich hierbei um eine unangenehme Sache handeln, dann ist es wichtig, dass wir auf uns achten, wie wir mit uns umgehen. Viele versuchen immer noch unangenehme Aspekte innerlich zu verdrängen, was sich jedoch auf der äußeren Ebene automatisch bemerkbar machen wird. Die beste Strategie ist der Angriff, und somit sollten wir die Themen bewusst angehen und uns den Dingen widmen, denen wir uns sowieso stellen müssen. Was nützt es immer wieder zu warten? Und vor allen Dingen stellt sich die Frage: Worauf warten wir? Es wird nicht besser, wenn wir versuchen, das Thema zu umgehen, es kann nur gut sein, wenn wir uns gezielt darum kümmern und zwar jetzt. Denn aufgeschoben ist niemals aufgehoben, und somit sollten wir uns kümmern.

Gerade die Karte Pik-Acht verweist uns darauf, dass etwas sehr schnell auf uns zukommt und dass wir uns unseren Themen und Aufgaben stellen müssen. Wir sollten gewappnet sein auf das, was auf uns zukommt, damit wir es mit Freude annehmen können. Jede noch so kleine Verdrängung kostet viel zu viel Energie, wofür? Alles das, was wir jetzt erledigen können, das sollten wir auch tun, sonst stehen wir eines Tages vor einem Müllberg. Und wie wollen wir den jemals wieder wegräumen? Dieses Thema bezieht sich jedoch bei weitem nicht nur auf äußere Bereiche, nein, gerade in unserem Inneren müssen wir immer wieder besonders gut für Ordnung sorgen. Wenn wir verletzt wurden, dann dürfen wir diese Verletzung unter keinen Umständen einfach hinnehmen, wir müssen sie in uns ausheilen, damit sie uns später nicht im Weg stehen kann. Wenn wir regelmäßig Seelenpflege betreiben würden, wüssten wir, was wir tun können. Nichts würde sich uns in den Weg stellen. Wenn Sie wollen: Nehmen Sie sich vor, jeden Tag die negativen Energiebelastungen emotional verletzter Gefühle aufzuräumen, und Sie werden sich stets frei und ungebunden fühlen.

Kurzdefinition: Taucht die Karte Pik-Acht auf, zeigt sie an, dass etwas in Kürze passieren wird. Wir erfahren bald eine Veränderung. Nichts lässt mehr auf sich warten - die Zeit drängt. Alles wird seinen Weg gehen, automatisch und ohne Umwege. Die Zeit ist reif, aufräumen und wandeln ist angesagt.

16 Pik-Sieben/die Ernte

Die Arbeit; alles das, was ich sähe, werde ich ernten; der Lohn für die mühevolle Arbeit.

Die Pik-Sieben steht für die Arbeit, Beruf – Berufung. Wir verbringen viele Stunden auf der Arbeit, und das sollte uns dazu veranlassen, einer Arbeit nachzugehen, die wir auch wirklich gerne bewältigen. Doch viele Menschen gehen heutzutage eher einer Arbeit nach, die sie im wahrsten Sinne des Wortes gar nicht recht mögen. Der innere Frust wird dann meist durch die Unzufriedenheit der Arbeitssituation bewusst. Doch was nützt uns das. Was nützt es uns, wenn wir den Spül stehen lassen, damit wir uns jetzt nicht dieser ungeliebten Arbeit widmen müssen? Was soll das bringen, wenn wir verzweifelt versuchen, uns mit anderen Dingen abzulenken? Der Spül muss so oder so erledigt werden. Somit werden wir alles dafür tun, damit wir dies auch erfüllen können. Wir kommen nicht drum herum; doch je mehr wir uns innerlich dagegen stellen, desto weniger können wir uns anderen Dingen widmen. Immerhin werden wir immer an die noch bevorstehende Arbeit denken, und somit werden wir viel zu viel Energie in diesen Bereich investieren, obwohl wir dies bewusst gar nicht tun wollen. Würden wir die Arbeit direkt erledigen, dann wäre es vorbei und wir könnten uns anderen Dingen frei und offen widmen. Genauso am Arbeitsplatz: Was nützt es sich darüber zu ärgern? Sich zu ärgern, bedeutet sowieso nichts anderes, als von einem eigenen inneren Problem über ein äußeres unwichtiges Thema abzulenken. Und so sollten wir uns immer hinterfragen, was uns stört, damit wir erkennen können, um was es geht.

Doch wie können wir eine Zufriedenheit im Berufsleben erreichen? Erst einmal sollten wir uns abfragen: Was wollen wir? Was können wir auf der Arbeit tun, das uns besonderen Spaß macht? Auch im umgekehrten Fall: Was müssen wir auf der Arbeit tun, das uns zur Last fällt – also eine Belastung darstellt? Was hätten wir gerne anders? Wer/welche Person/Kollege/Kollegin empfinden wir als störend? Können wir uns eine weitere Zukunft an diesem Arbeitsplatz vorstellen? Was würden wir gerne tun? Wenn wir uns diese Fragen beantworten, können wir viel schneller erkennen, was wir gerne leben würden, und uns diesem Sektor öffnen. Doch sollten wir dabei immer bedenken, dass wir auch gerne von etwas träumen, was sich in der Realität ganz anders darstellen würde. Deshalb versuchen Sie, auch einmal direkt die negativen Seiten Ihres „Traumjobs" zu durchdenken, und dann überprüfen Sie erneut, ob Ihnen dieser Bereich auch wirklich liegen könnte. Viel Spaß dabei.

Kurzdefinition: Die Pik-Sieben weist uns auf das Thema Arbeit hin. Sie deutet an, dass wir uns unseren Wünschen bezüglich der Arbeit stellen sollten. Die Aufforderung lautet: Wir müssen an einer Sache arbeiten, innerlich wie äußerlich, das ist wichtig zu wissen. Jede innere Arbeit bringt die äußere zwangsläufig mit sich. Jede finanzielle Unzufriedenheit hat auch gleichzeitig etwas mit unserer Ernte und somit auch mit unserer Selbstwertstellung zu tun. Auch diese Emotionen sollten wir bei Zeiten überprüfen.

Karo-Karten

Die Karo-Karten stehen für die Kommunikation. Wir alle kommunizieren miteinander und tauschen darüber Erfahrungswerte aus. Damit wir uns jedoch auch weiterbilden können, ist es für uns wichtig, unseren Wissensdurst genau zu definieren, um klar zu erkennen, was wir alles gerne erfahren möchten. Alles das, was wir wissen wollen, bekommen wir auch erklärt. Somit stellt sich nicht die Frage, wie komme ich an Wissen heran, sondern viel eher, was will ich überhaupt wissen? Alles, was mich interessiert, das kann ich auch erfahren.

Nehmen wir dazu das Beispiel Fernsehen: Wir können uns zwischen vielen verschiedenen Programmen entscheiden. Wir können aktuell Wissenswertes erfahren, genauso wie wir uns in Traumwelten begeben können, um unser Herz durch die virtuelle Welt berühren zu lassen. Dabei sind uns wenige Grenzen gesetzt. Doch was wollen wir alles wissen? Die meisten lassen sich gerne berieseln, einfach um abzuschalten/die eigenen Gedanken auszuschalten. Tun wir das denn, wenn wir auf den Fernseher blicken, nein, wir versuchen all die gewaltigen Emotionen, die wir als Resonanz in uns spüren, zu verarbeiten und natürlich auch zu verdauen. Wir können eine so große Wissens-/ Informationsflut nicht einfach an uns vorbeiziehen lassen, ohne dass es uns belasten würde. Trotzdem bauen wir mit der Zeit innerlich ab, man könnte sagen, wir stumpfen ab - immer mehr und mehr. Und je mehr wir innerlich abgestumpft sind, desto weniger Interesse werden wir daran haben, wirkliches Wissen aufzunehmen, und das wiederum ist dann unser Problem. Ein Fernsehsüchtiger wird sich nicht davon abhalten lassen, das Fernsehen als seinen Hauptkommunikationsfaktor zu betrachten. Er lebt darüber. Diese Theorie können wir gut an der Vielzahl von Talkshows erkennen. Der Zuschauer hat das Gefühl, bei der Show direkt anwesend zu sein und ein gutes Gespräch geführt zu haben. Doch der Schein trügt, und somit isolieren sich immer mehr Menschen. Wenn wir wieder lernen wollen, miteinander zu reden, dann sollten wir uns darum kümmern und auf andere, die es auch wollen, zugehen. Schon alleine ein nettes Lächeln wird viel dazu beitragen können.

Je offener und geöffneter wir sind, desto interessanter werden wir unser Leben gestalten können. Es gibt so viel Wissenswertes, also sollten wir uns darum kümmern. Und jedes fruchtbare Gespräch kann uns wiederum Dinge vermitteln, die wir gerne aufnehmen werden. Also, wenn Sie das Bedürfnis haben zu reden, dann tun sie dies auch und warten nicht darauf, dass der andere auf Sie zukommt und das Gespräch anfängt – machen Sie den ersten Schritt.

Alle Karo-Karten weisen uns auf das hohe Gut der Wissenschaft hin. Wir müssen uns schon alleine mit Wissen auseinander setzen, um klar erkennen zu können, wie wir uns von belastenden emotionalen Verbindungen wieder lösen können. Eine Faustregel: Wenn ich seelische Probleme habe und nicht weiß, wie ich aus dem Sog der Gefühle heraus kommen kann, dann sollte ich gedanklich in den Kopf hineingehen. Jedoch nicht grübeln, sondern mir irgendetwas aussuchen, was mir gedanklich Freude bereitet, und automatisch wird es mir wesentlich besser gehen.

17 Karo-Ass / die Meditation

Die tiefe innere Absprache, die klare Aussage, der Fels in der Brandung.

Karo-Ass zeigt die geistige Kommunikation an. Alles das, was wir erfahren wollen, bekommen wir durch andere, die die Erfahrung schon gemacht haben, übertragen. Damit wir uns jedoch überhaupt mit Wissen anreichern können, müssen wir uns innerlich dafür öffnen. Wir bekommen somit grundsätzlich alle Informationen präsentiert, die wir auch wirklich brauchen, um unseren Wissensdurst zu stillen. Sollten wir uns jedoch gegenüber wissenschaftlichen Dingen nicht öffnen wollen, dann lernen wir viel weniger. Wissen läuft uns nicht automatisch über den Weg. Nein, wenn wir etwas wissen wollen, müssen wir uns dafür geistig öffnen und vor allen Dingen lernbereit sein, ohne das geht es nicht.

Früher konnten die Menschen viel weniger Erfahrungen sammeln als heutzutage. Sie waren so stark mit anderen Dingen, wie zum Beispiel ihrer alltäglichen Arbeit, beschäftigt, dass sie nicht auf die Idee kamen, sich zusätzliches Wissen anzueignen. Zumal wir dabei auch berücksichtigen müssen, dass Wissen für die Reichen, die sich diesen Luxus leisten konnten, bestimmt war. Drehen Sie einmal die Zeit zurück und stellen sich vor, dass Sie sich in einem alten Dorf befinden, das nach unserer Zeitrechnung schon einige hundert Jahre alt ist. Was konnten Sie dort wohl erfahren? Alles das, was Sie selbst am eigenen Leibe erfahren haben, und natürlich auch das, was die anderen erlebt haben, soweit sie dazu bereit waren, dieses Wissen mit anderen zu teilen. Klar gab es auch Geschichten über die eine oder andere Lebenssituation, und natürlich wurde auch altes Handwerk überliefert. Somit konnten die Menschen, wenn sie wollten, viel erfahren, nur musste ihnen dies auch bewusst sein. Die Menschen in der damaligen Zeit waren damit größtenteils zufrieden; immerhin kannten sie nichts anderes. In dieser Zeit war der Informationsfluss sehr gering, und heute? Heute können wir so viel Wissen erfahren, wie wir wollen, wir brauchen uns nur darum zu bemühen. Doch was passiert?

Die Menschen heutzutage - allgemein betrachtet - lernen wesentlich mehr, angefangen über den Wissensvermittler Schule bis hin zur ständig wachsenden Allgemeinbildung. Auch gerade Publikationen, wie Zeitungen oder der visuelle Medienbereich, tragen ihren Teil dazu bei. Doch heutzutage versperren viele den Blick für diese grandiose Möglichkeit, in dem sie sensationshungrig auf andere starren, um sich über deren Fehler köstlich zu amüsieren, ohne selbst zu merken, wie sie sich über sich selbst belustigen. Sie beschäftigen sich mit unwichtigen Dingen, anstatt ihr geistiges Potenzial sinnvoll und befriedigend zu nutzen. Viele Menschen behandeln sich selbst so und meinen, trotzdem genug Wissen erlangt zu haben.

Das ist die eine Seite und die andere sind wiederum Menschen, die einen so großen Wissensdurst in sich tragen, dass sie fast alles dafür geben würden, über die fixierte Ebene mehr zu erfahren. Doch wer füttert uns mit Wissen, wie kommen wir an das Wissen heran, was wir brauchen? Bücher, Gespräche, Medien – welcher Weg ist egal, letztlich stoßen wir, wenn wir innerlich dafür geöffnet sind, auf genau die Punkte, die wir brauchen, um das zu finden, wonach wir suchen. Wir öffnen uns innerlich und geben den Wissenswunsch an den Kosmos ab. Schon bekommen wir die passenden Impulse, die wir - wenn wir uns darauf trainiert haben, das innere „Ich" zu hören - automatisch wahrnehmen werden. Und je mehr wir uns selbst glauben, desto einfacher werden wir dorthin gelangen, wo wir das finden, was wir suchen. Somit bekommen wir alle Informationen, die wir brauchen.

Es gibt jedoch auch den spirituell-kosmisch-gelenkten Weg, die so genannten Astralreisen, über die wir noch ganz andere Erfahrungen machen können. Wenn wir schlafen, dann verlässt unsere Seele den Körper und begibt sich auf die so genannte Astralebene. Der Körper braucht diese Phase, damit er Ruhe finden kann. Wenn die Seele zeitweise den Körper nicht verlassen würde, könnte sich dieser nicht genug regenerieren. Das Resultat wäre, dass wir nicht sehr alt werden würden, da die Seele den Körper viel zu stark belasten und verbrauchen würde. Doch nicht nur der Körper, sondern auch die Seele braucht den Wandel. Sie setzt sich auf der Astralebene mit all dem auseinander, was sie erfahren und lernen will. Somit holen wir uns einen Großteil unserer Wissens- und Lernerfahrungen von der Astralebene. Ob auch Sie dies tun, erkennen Sie daran, dass Sie im alltäglichen Leben oftmals ein Aha-Erlebnis haben. Auf einmal sind Sie in der Lage, etwas zu tun, was Sie bewusst zum ersten Mal ausüben, und trotzdem geht es Ihnen wie ein Profi von der Hand. Tief im Inneren wissen Sie, dass Sie diesen Bereich genau kennen, nur Ihr Bewusstsein sagt Ihnen, dass dies nicht sein kann. Zweifeln Sie immer noch an sich und den inneren Fähigkeiten? Sie haben sich dieses Wissen auf der Astralebene angeeignet, um es im Alltäglichen gezielt anzuwenden. Wenn Sie bewusst Lernerfahrungen auf dieser Ebene erlangen wollen, dann öffnen Sie sich für diese Bereiche und Sie werden in der Tiefschlafphase all das wiederfinden, was Sie sich wünschen.

Sie kennen das bestimmt alle: Sie wollen umziehen und suchen sich eine neue Wohnung. Sie besichtigen eine, die Ihnen auch bewusst gefällt, und trotzdem: Sie können sich noch nicht so recht entscheiden - Sie wollen eine Nacht darüber schlafen. Warum? Viele Menschen handeln so und wissen genau, wie sie sich am nächsten Morgen entscheiden werden. Doch woher wissen diese Menschen das, und das bereits schon am nächsten Morgen? Ganz einfach: Nachts, wenn sie schlafen, verlässt die Seele, wie schon erwähnt, den Körper, und dann besucht unsere Beispielsperson die Wohnung; sie schaut sich alles, was damit zusammenhängt, an und weiß dann genau, ob diese Wohnung zu ihr passt oder nicht. Am nächsten Morgen, wenn die Person dann wach wird, bringt sie dieses Wissen in ihr bewusstes Leben hinein, und schon ist die Angelegenheit geklärt. Viele reagieren so, Sie auch?

Kurzdefinition: Wenn die Karte Karo-Ass/die Meditation auftaucht, zeigt sie eindeutig, dass wir auf unsere innere Stimme hören müssen und dass wir eine wichtige Nachricht erhalten werden. Damit wir jedoch auf uns hören, sollten wir in uns gehen und die fein ausgesandten Signale unseres inneren Lichts, trotz der äußeren lauten Kulisse, wahrnehmen und verstehen lernen. Somit deutet diese Karte auf innere Meditation und Harmonie hin. Also aufgepasst: Die Lösung/Nachricht kommt - wir müssen „nur" hinhören.

18 Karo-König/der gute Freund

Der treue Hund, der stabile Freund, die Fröhlichkeit, Spaß am Leben.

Der Karo-König ist wieder eine Personenkarte. Er ist männlich, aktiv, beweglich und jugendlich. Er liebt das leichte, lockere Leben genauso wie alle schönen Dinge des Lebens. Er genießt den Augenblick, ohne an das Übermorgen zu denken. Er ist wachsam und genussvoll. Er kümmert sich nur um seine augenblicklich wichtigen Angelegenheiten. Er plant niemals vor, er trägt niemals nach, er lebt im Jetzt, im Hier und Heute. Er ist nicht sonderlich vorausschauend. Gerne übernehmen andere freiwillig für ihn die Verantwortung. Immerhin verhält er sich teilweise wie ein Jugendlicher, der noch zu wenig Lebenserfahrung hat, oder wie ein Kind, das die herannahenden Gefahren noch nicht so richtig einzuschätzen weiß. Er will jugendlich bleiben.

Wie alle kennen die Zeit der Unbeschwertheit, das einfache lockere Leben - unsere Frühlingsgefühle, die uns treiben ließen, das zu tun, worauf wir einfach Lust hatten. Für jeden muss diese Zeit kommen, damit wir wissen, was es heißt, so zu leben. Doch irgendwann ändert sich diese Zeitphase auch wieder; wir werden älter, reifer und verantwortungsvoller. Man sollte diese Zeit nach Möglichkeit nicht länger leben, als sie von Natur aus geplant war. Je bewusster wir uns leben und je verantwortungsvoller wir uns unserem Leben stellen, desto reifer werden wir unserem Lebensweg begegnen. Doch gibt es immer einige, die sich persönlich gegenüber gewissen Lebensbereichen nicht verantwortlich fühlen und somit meinen, in der jugendlichen Rolle bleiben zu können. In einem solchen Fall müssen andere zwangsläufig die Verantwortung für sie mit übernehmen.

Sollte es sich bei dem Karo-König im Legesystem um eine außenstehende Person handeln, ist er der Geliebte, der Sohn (ab ca. dem 3. Lebensjahr) oder einfach nur ein guter Freund. Auf jeden Fall wirkt dieser Mensch jugendlich leicht. Grundsätzlich spiegelt diese Karte unseren männlichen, leichten und jugendlichen Energieanteil wider. Der gefühlvolle Stürmer, der vor lauter Energien oftmals nicht an sich halten kann.

Kurzdefinition: Diese Karte zeigt uns zwei Seiten: Auf der einen Seite fordert sie uns auf, unser Leben aktiv, leicht, locker und nicht schwer oder theatralisch zu meistern. Und auf der anderen Seite will sie auch, dass wir überprüfen, ob wir verantwortungsvoll mit unserem Leben umgehen. Doch hauptsächlich weist sie auf die lockere, leichte Art hin, mit der wir die Sache/unser Leben angehen sollen.

19 Karo-Dame/die gute Freundin

Die junge Freundin, die lustige Lebensgefährtin, die lockere Kollegin.

Die Karo-Dame ist die Geliebte, die fröhlich lustige Freundin, die Tochter. Sie weist uns auf die lockere und leichte Art im Leben hin. Sie will, dass wir uns frei und leicht leben, so wie wir sind - ohne Dogmen, Normen, Rollen oder Prinzipien. Somit kann jeder, der sich klar erkennen kann, seine Karo-Dame ein Leben lang auf seiner Lebensbühne spielen lassen. Denn wir alle sollten nie die Leichtigkeit, die in uns ist, vergessen.

Sie weist uns somit immer wieder auf die Leichtigkeit des Lebens hin, damit wir diesen Part nicht vergessen und unser Leben noch lockerer und leichter gestalten. Wie oft übernehmen wir Emotionen anderer, die uns dann selbst wiederum belasten. Würden wir uns nur mit unseren eigenen Problemen/energetischen Belastungen auseinander setzen, wäre unser Leben viel leichter. Da wir jedoch viel zu viel von anderen übernehmen und unsere eigenen Themen anderen übergeben, erleben wir unser Leben oftmals als schwer, so dass wir kaum mehr das Gefühl haben, frei atmen zu können. Die Karo-Dame würde viel öfter über die Dinge des Lebens lachen und sie bei weitem nicht so ernst nehmen. Je mehr wir uns in einer Rolle befinden, desto mehr lassen wir energetische Ansprüche anderer direkt auf uns übertragen. Wir leben dann oftmals das nach, was andere uns vorleben und was sie von uns erwarten. Wir müssen lernen, diesen Part zu wandeln. Die Karte weist uns genau daraufhin und will, dass wir uns selbst überprüfen, inwieweit wir Themen nachleben, die wir letztlich tief in unserem Herzen doch gar nicht leben wollen. Somit müssen wir uns damit auseinander setzen, damit wir erkennen können, in welchem einengenden Sog wir uns befinden. Je mehr wir jedoch darüber nachdenken, was die anderen denken könnten, wenn wir uns so oder so verhalten, desto weniger Möglichkeit der eigenen Meinungsvertretung haben wir. Deshalb ist es für uns so wichtig, genau auf diesen Punkt zu achten.

Kurzdefinition: Wenn die Karo-Dame auftaucht, will sie uns genau auf diesen Punkt hinweisen und egal, um welches Thema es sich handelt, sie will, dass wir uns leben und uns über das Rollenverhalten im Außen bewusst werden. Wenn wir diese Karte in Bezug auf eine Partnerschaft ziehen, bedeutet dies nichts anderes, als dass wir dieser Partnerschaft leicht und locker begegnen sollten. Wenn wir frisch verliebt sind, dann tun wir auch nichts anderes, als unser Leben zu genießen und darauf zu achten, dass diese Partnerschaft nicht belastet wird. Wir gestalten uns unser Leben so angenehm wie möglich. Somit sollten wir immer mal wieder Problemthemen aus einer Vogelperspektive heraus betrachten, um die Einfachheit des Lebens stetig präsent vor unseren Augen erkennen zu können.

20 Karo-Bube/das Füllhorn

Das ausgeschüttete Glück, Goldmarie und Pechmarie, der Weg des Glücks.

Der Karo-Bube ist der Glücksbote, also die positivste Karte im Spiel. Er zeigt uns eine Glücksphase an - er bringt uns Glück. Doch was ist Glück? Glück ist ein Gefühl von Wärme und Geborgenheit. Wenn wir glücklich sind, dann fühlen wir uns dem göttlichen/inneren Licht absolut nahe. Alles ist vertraut, wir fühlen uns wie in Mutters Schoß zurückversetzt, geborgen und sicher. Ein solches Glücksgefühl brauchen wir alle immer mal wieder, damit wir uns den Tälern, den Lernaufgaben des Lebens, stellen können.

Wenn diese Karte auftaucht, zeigt sie uns, dass wir Glück erfahren werden. Doch wir können Glück nur annehmen, wenn wir innerlich auch dazu bereit sind. Solange wir uns mehr mit den Schattenseiten des Lebens beschäftigen, solange können wir uns wenig an unserem Leben erfreuen. Somit erinnert uns diese Karte auch an all das Schöne, was wir in unserem Leben haben. Je mehr wir immer wieder darauf achten, was uns Glückliches widerfährt, desto wertvoller werden wir unser Leben betrachten können. Wir sollten uns dieser Energie stellen. Wenn wir uns das einmal plastisch vorstellen, sieht dies so aus, als würde Jupiter sein Füllhorn über uns ausschütten und jede Menge Glücksenergie auf uns herabfallen. Das heißt jedoch bei weitem noch nicht, dass der Empfänger dieser Sendung die Energie auch immer unbedingt annimmt. Wenn wir tief im Inneren durch einen Glaubenssatz in uns geprägt wurden und davon überzeugt sind, dass uns nichts Gutes widerfahren kann, dann wird uns auch nichts Gutes widerfahren dürfen, und somit würden wir bei einer solch positiven Ladung automatisch beiseite springen, damit sich unser inneres Selbstbildnis auch weiterhin erfüllen kann. Das Füllhorn würde in einem solchen Fall seine gesamte Ladung ins Leere schütten, oder was noch häufiger passiert, dass ein anderer in unserer Nähe befindlicher Mensch diese Energie dankend aufnimmt. Dies merken wir dann zumeist daran, dass wir tief im Inneren das Gefühl haben, als hätte uns jemand etwas weggenommen, doch wir wissen real nicht, um was es sich dabei handeln könnte.

Kurzdefinition: Diese Karte verweist uns im Besonderen darauf, dass wir das Glück, was uns zusteht, also die Sendung, die für uns unterwegs ist, auch annehmen müssen. Wenn wir das tun, dann kann uns eine Zeit lang nichts mehr im Wege stehen, wir haben freie Bahn, und die sollten wir auch sinnvoll nutzen. Also stellt sich die Frage doch nicht mehr, ob wir zukünftig solche Päckchen annehmen sollen, oder? Die Antwort kann nur noch „ja" lauten. Immerhin wird uns unser Glück sonst irgendwann verlassen, und das muss nicht sein.

21 Karo-Zehn/der Geldbaum

Die eigene Stabilität, die energetische Sicherheit, der goldene Funke.

Diese Karte steht für das Thema Geld und die Haltung zum Leben. Geld ist die feste, materialisierte Form der Energie. Wir können anhand des Geldflusses genau erkennen, wie wir mit unseren eigenen Energien verfahren. Solange wir uns in bestimmten Rollenverhalten befinden und das tun, was andere von uns erwarten, solange können unsere Energien nicht nach unseren ureigensten Prinzipien fließen. Somit leben wir gegen uns und behindern unseren eigenen Energiefluss.

Wenn wir uns mit dem Thema Geld beschäftigen wollen, müssen wir uns fragen, was wir fühlen, wenn wir an Geld denken. Wenn wir beispielsweise ständig zu wenig Geld haben und auf äußere Abhilfe warten, würden wir die innere Meinung vertreten, dass wir andere brauchen, damit wir überhaupt in der Lage sind, uns am Leben zu erhalten. Wir selbst fühlen uns dann zu unbeweglich, aus eigener Kraft unser Leben zu bewältigen. Somit bräuchten wir also Fremdenergien – ähnlich wie Kredite –, damit wir unser Leben gestalten können. Doch genau das kann nicht sein. Jeder führt das Leben, dass nur er alleine schaffen kann. Keinem passiert etwas umsonst. Alles das, was uns betrifft, betrifft uns und hat somit auch nur mit uns selbst zu tun. Unser Geldfluss zeigt somit eindeutig unsere Haltung zum Leben an. Je mehr wir uns selbstständig fühlen, desto kraftvoller werden wir unser Leben gestalten. Es kann nie schaden, hin und wieder mal den Geld-/Energiefluss zu überprüfen, damit wir früh genug erkennen können, wie wir mit diesem wertvollen Thema umgehen.

Sollten wir dabei feststellen, dass wir zu hoch verschuldet sind, dann fühlen wir uns anderen gegenüber schuldig. Wir können jedoch keine inneren Schuldrechnungen mit Geld bezahlen, dafür müssen wir schon Energien einsetzen. Abgesehen davon, dass wir in einem solchen Fall eine äußere Lösung brauchen, um den geldlichen Schuldenberg abzubauen, müssen wir besonders darauf achten, was wir tun können, um uns von den inneren Schuldgefühlen zu befreien. Eine äußere Geldverstrickungen ist der Wegweiser für eine innere Energieverstrickungen, und da das eine ohne das andere nicht geht, muss sich die innere Problematik den Weg nach außen bahnen, damit uns diese Blockade überhaupt erst einmal bewusst wird. Sollten Sie sich in einer solchen oder ähnlichen Konstellation befinden – auch wenn sich dies nur auf Ihr Gefühl beschränkt –, dann räumen Sie dringend auf. Schuldgefühle haben in den meisten Fällen ihre Ursubstanz in der Kindheit, und dort sollten wir uns auf die Suche machen. Gerne übernehmen wir Themen von den Eltern und lagern diese als unsere eigenen in uns ab, ohne direkt zu merken, was wir da eigentlich tun. Wenn wir unbewusst Schuldgefühle in uns tragen, werden sich andere Menschen über diese offene Schiene immer wieder andocken können. Diese Personen können sich dann an unserer Energie laben.

Immer dann, wenn Sie das Gefühl haben, jemandem etwas schuldig zu sein, dann gehen Sie dem Gefühl nach und achten darauf, woher es kommt. Wenn uns jemand energetisch aussaugen kann, dann sind wir ihm fast hilflos ausgeliefert. Wir können uns von diesem Menschen nur befreien, wenn wir ihn von unserer verletzen Schiene herunterholen. Jeder Mensch, der sich an uns labt, kann uns Schaden zufügen, der im Extremfall an unsere eigenen Energiereserven herangeht. Der Lebensbaum steht für unser Kraftzentrum; sollte sich jemand an ihm zu schaffen machen, wird uns das teuer zu stehen kommen. Gerade Emotionen bezüglich Geld werden uns wertvolle Hinweise auf äußere Energievampire geben. Somit ist es enorm wichtig, genau darauf zu achten.

Kurzdefinition: Die Karo-Zehn hinterfragt unsere Einstellung zu unserem Leben, zu unserem eigenen Energiehaushalt, zu unserer Haltung im Leben und zum Thema Geld. Wir sollten besonders darauf achten, dass alles im Fluss ist. Auf der einen Seite bekommen wir den Hinweis, den Energiefluss noch einmal zu überprüfen, und auf der anderen Seite die Aufforderung, die Energien fließen zu lassen. Wir sollten öfter darüber nachdenken, unsere Probleme einfach an den Kosmos abzugeben und dann gelassen darauf zu warten, was passiert. Je mehr wir unsere Probleme anziehen, desto größer werden sie, und das hat noch keinem geholfen.

22 Karo-Neun/das Geschenk

Das Paket, die Neugierde, die Überraschung, die Freude am Leben.

 Die Karo-Neun steht für ein Geschenk. Wir bekommen etwas geschenkt, was für uns wichtig ist. Doch wir müssen das Geschenk auch erkennen können, und genau darin liegt die eigentliche Aufgabe. Oftmals können wir Geschenke, die wir im Leben erhalten, nicht direkt als solche anerkennen; deshalb sollten wir bewusst darauf achten, was und warum wir etwas bekommen. Doch was ist ein Geschenk. Ein Geschenk ist eine Gabe, die wir erhalten, um uns einen Vorteil zu gewähren. Wir können ein individuelles Geschenk durch Personen oder einfach nur durch bestimmte Lebenssituationen überreicht bekommen. Auf jeden Fall sollen wir es erhalten, sonst hätten wir es nicht bekommen. Doch wie oft erkennen wir ein Geschenk nicht direkt als solches an, da wir die damit verbundene Situation alles andere als schön empfinden. Deshalb ist es wichtig zu wissen: Nicht jede Situation lässt sich direkt als Geschenk erkennen, doch im Nachhinein werden wir es genauer wissen.

Alle Situationen, die wir erleben, aus denen wir lernen können, stellen sich aus dieser Perspektive betrachtet als Geschenk dar. Alles, was wir erleben, um Lernerkenntnisse zu sammeln, brauchen wir dringend, damit wir unsere inneren Gefängnismauern öffnen und uns selbst befreien. Oftmals wissen wir gar nicht, welche Schattenanteile sich in uns befinden, mit denen wir uns zwar tagtäglich auseinander setzen, die uns jedoch nicht bewusst sind. Wenn wir beispielsweise den Glaubenssatz in uns tragen, dass wir das „Schwarze Schaf" der Familie sind, dann sind wir – mindestens eine Struktur/ein Teil in uns – auch davon überzeugt, und wir werden alles tun, um dieser Überzeugung zu folgen. Das heißt, diese Struktur wird alles dafür tun, damit sie ihren Auftrag erfüllen kann, und somit werden wir immer wieder mit Themen konfrontiert, die uns zeigen, dass wir mit unserer Einstellung recht haben. Doch in den meisten Fällen wissen wir nicht genau, was sich alles in uns verbirgt und wie wir mit uns selbst energetisch umgehen. Deswegen brauchen wir immer wieder Situationen, in denen wir uns solcher Strukturen bewusst werden, damit wir sie wandeln können. Somit ist jede Situation oder jede Person, die uns auf den „rechten" transparenten Weg verhilft, ein Geschenk für uns. Und genau das will die Karte Karo-Neun anzeigen: Dass der Weg, auf dem wir uns zur Zeit befinden, der ist, den wir uns unbewusst gewählt haben, damit wir störende Strukturen in uns erkennen, wandeln und ins Positive richten können. Deswegen das Thema: Geschenk. Sollten wir uns jedoch durch die Gegebenheiten gestört fühlen - und das tun wir bestimmt -, dann kann es sein, dass wir das Thema oder die Person im Außen bekämpfen, um im Inneren wieder unsere vermeintliche Ruhe zu finden; und genau das wäre der falsche Weg. Wir müssen lernen, die Situation zu nutzen, damit wir unsere Erfahrungen überhaupt machen können.

Kurzdefinition: Wenn diese Karte auftaucht, will sie uns mitteilen, dass es sich hierbei um ein Geschenk handelt, was auch als solches betrachtet werden sollte. Das heißt: Nicht die Situation bekämpfen, sondern annehmen und aus den wertvollen Information lernen - das ist der Weg.

23 Karo-Acht / der kleine Erfolg

Der zufriedene Ausgang, die kleine Gewinnkurve, der geringe, jedoch zufriedenstellende Erfolg.

Diese Karte steht für den kleinen Erfolg. Alles, was wir erleben, können wir erfolgreich zum Abschluss bringen. Doch wird dieser durch die Karte angezeigte Erfolg nicht sonderlich groß, sondern eher mäßig klein sein. Es handelt sich hierbei jedoch eindeutig um einen Erfolg, den wir brauchen, und auch um einen Weg, den wir gehen sollten.

Oftmals wollen wir uns für einen bestimmten Weg entscheiden, wissen im voraus jedoch nicht, ob sich der zu investierende Aufwand wirklich lohnen wird. Wenn diese Karte auf eine gestellte Frage auftaucht, zeigt sie eindeutig an, dass dieser Weg auf jeden Fall erfolgreich ist und auch sein wird. Jedoch nicht übermäßig, gravierend erfolgreich, wie wir uns dies manchmal wünschen würden, sondern eher gering. Der Erfolg hält sich in Grenzen. Das wiederum kann für uns unterschiedliche Folgen haben; immerhin steht das Thema Erfolg mit dem inneren Energieeinsatz im Verbund. Das heißt, je mehr wir von unseren eigenen Energien investieren, desto mehr können wir mit einem Erfolg rechnen. Nicht alles, was wir selbst toll finden, wird denselben Anklang in der Käuferschicht finden. Wenn wir also mit zu hohen Erwartungen an eine Sache herangehen, dann werden wir mit Sicherheit eine Enttäuschung erleben. Wenn das wiederum der Fall sein sollte, dann stellt sich die Frage: Was wollte ich mit dieser Sache kompensieren? Wenn wir beispielsweise meinen, dass ein äußerer Erfolg endlich das innere Selbstbild aufwerten wird, können wir jetzt schon davon ausgehen, dass dies nicht funktionieren kann. Wir können nur das erleben, was wir erleben wollen. Erfolg kann sich nur einstellen, wenn es auch so sein soll. Wenn wir einen tatsächlichen energetischen Aufwand, der erforderlich ist, gezielt einsetzen und nicht irgendein inneres Manko mit einem äußeren Erfolg kompensieren wollen, dann werden wir erfolgreich sein. Sollten alle diese Faktoren im Gleichklang sein, dann werden wir automatisch Erfolg haben, denn wir werden alles dafür tun. Somit kann auf diesem Weg nichts mehr „schief" gehen.

Kurzdefinition: Wenn diese Karte auftaucht, dann zeigt sie uns an, dass unsere Vorhaben bedingt erfolgreich sind und auch sein werden. Der Weg lohnt sich, wird jedoch nicht übermäßig honoriert werden. Wir können noch einmal in Ruhe darüber nachdenken, ob wir diesen Energieeinsatz auch haben wollen. Manche Themen lösen sich in einem solchen Fall von alleine auf. Vor allen Dingen dann, wenn wir erkennen sollten, dass sich hinter dem Vorhaben nur eine innere verletzte Struktur verstecken wollte - dann können wir uns den Arbeitsaufwand sparen.

24 Karo-Sieben/der große Sieg

Der Gewinn im Absoluten, der totale Erfolg, Sieg über alle Grenzen.

 Die Karo-Sieben steht für den großen Erfolg. Unser Vorhaben hat die beste Aussicht auf Erfolg. Wir können uns mit dem kommenden Ergebnis absolut zufrieden geben. Alles wird zur vollkommensten Zufriedenheit ausfallen. Wir werden zumeist mehr Erfolg haben, als wir dies zum jetzigen Zeitpunkt absehen können. Alles das, was wir einsetzen, wird doppelt wieder auf uns zurückkommen. Und somit werden wir Erfolge feiern, die wir uns vorher in unseren kühnsten Träumen nicht vorstellen konnten.

Natürlich beinhaltet auch diese Karte ein Lernthema: Sie fordert uns auf, diesen Erfolg gebührend zu feiern. Viele Menschen, die wirklich erfolgreich sind, tun sich schwer damit, ihre Erfolge zu feiern. Für sie ist all das, was sie geschaffen haben, so normal und selbstverständlich, dass sie sich nicht vorstellen können, dass es einmal anders sein könnte. Sie erwarten diesen hohen Einsatz von sich selbst und betrachten dies nicht als etwas Besonderes. Für sie ist der Erfolg Normalität und braucht somit nicht gebührend gefeiert zu werden. Doch genau das ist der Fehler; wenn wir uns über unsere hervorragenden Qualitäten - jeder hat solche - nicht bewusst sind, dann können wir sie zu wenig leben. Doch jeder Mensch ist auf bestimmten Gebieten besonders geschickt und auch erfolgreich. Genau diese Stärken sollten wir bewusst trainieren, damit wir einen wirklichen Lebenserfolg verbuchen können. Einige Menschen tragen eine stetige Unzufriedenheit in sich, da sie meinen, das Leben zieht an ihnen vorbei, ohne dass sie etwas

Besonderes geschaffen haben. Jeder von uns träumt davon, etwas Außergewöhnliches zu sein. Und das sind wir auch. Wir müssen uns dessen nur bewusst werden und uns erlauben, das, was in uns steckt, zu leben. Je mehr wir uns bewusst leben, desto zufriedener werden wir. Somit müssen wir hin und wieder auf dieses Thema aufmerksam gemacht werden, damit wir es nicht vergessen. Denken Sie bitte auch immer daran, dass der Erfolg nicht unbedingt äußerlich sichtbar sein muss. Ein Mensch, der sich seines Lebens erfreut und mit sich glücklich ist, der ist ein erfolgreicher Lebenskünstler.

Kurzdefinition: Wenn diese Karte auftaucht, dann zeigt sie uns den heutigen und zukünftigen Erfolg unserer durchgeführten oder noch geplanten Vorhaben an. Sie gibt uns die Sicherheit, dass unsere Projekte funktionieren werden. Gleichzeitig weist sie uns darauf hin, dass wir noch einmal überdenken sollten, ob wir auch wirklich unsere Talente leben. Wir sollten dabei nie vergessen, dass Menschen, die ihre Talente leben, immer eine große Gesamtbeliebtheit haben. Wir bewundern unsere Promis für ihr Dasein. Und was ist mit unserem inneren Promi, wo darf der sich leben? Wir alle sind wunderbar und etwas Besonderes, jeder auf seine Art und Weise. Denken Sie einmal darüber nach.

Kreuz-Karten

Die Kreuz-Karten stehen für unsere tiefen inneren Aufgaben. Das bedeutet auch für unsere karmischen Aufräumarbeiten - die Altlasten, die endlich abgebaut werden wollen. Kreuz empfinden wir im wahren Leben als unangenehm zu ertragenes Leid. Man hat das Gefühl, von einem Fettnäpfchen ins andere zu tapsen. So ist es dann auch zumeist. Wenn Kreuz am Werk ist, dann nützen uns keine Partys, keine Freunde oder sonstigen schönen Dinge des Lebens mehr, dann ist Trauer und tiefe Aufarbeitung angesagt. Dann dient jede innere wie äußere Isolation rein dazu, die eigentlichen Lernthemen erkennen zu können.

Wir alle tragen karmische Verstrickungen – also Lernthemen aus früheren Leben – in uns. Einen Teil dessen gilt es in diesem Leben zu lösen. Mit jeder karmischen Verletzung sind wir energetisch an irgendeine Sache gebunden, und die gilt es zu erkennen und aufzulösen. Damit wir uns jedoch überhaupt daran erinnern können, werden wir sehr intensiv auf die Lernthemen gestoßen. Die meisten Menschen sind freiwillig nicht unbedingt dazu bereit, sich den Lernthemen des Lebens zu stellen. Damit wir alle jedoch eine Chance haben aufzuräumen, bekommen wir dementsprechend äußere Themen auf den alltäglichen Tisch gelegt. Über die Beschäftigung mit der äußeren Problematik finden wir zu unserem inneren Weg. Hätten wir diese Spielebene nicht, würden wir uns viel zu wenig mit unseren Schattenseiten beschäftigen. Je mehr uns dies klar ist, desto besser können wir mit so genannten Schicksalsschlägen umgehen, die letztlich nur dazu da sind, damit wir uns wahrhaftig erkennen können. Doch bevor wir wirklich tief getroffen werden, baut sich der Weg meist etwas langsamer und einfacher auf. Anfangs bekommen wir sehr zaghafte Hinweise, die erst bei Nichtbeachtung heftiger werden. Je weniger wir in uns freiwillig hineinhorchen wollen, desto mehr werden unsere Blicke bewusst auf das Aufgabengebiet gelenkt - damit wir überhaupt erkennen können. Das ist unsere Aufgabe. Je freiwilliger wir uns den Lernthemen stellen, desto einfacher werden wir unser Leben erleben. Doch wenn nicht, dann werden uns unsere alten Themen einholen, und irgendeine Person oder ein Hilfsmittel wird zum Zweck der Erinnerung dienlich sein.

Sie können jetzt schon davon ausgehen, dass es sich, wenn Sie mit Themen konfrontiert werden, die immer wieder penetrant auf Sie zukommen, um das Erkennen einer karmischen Aufgabe handelt. Sie werden die äußeren Probleme erst abstellen können, wenn Sie nach innen schauen und erkennen, um was für ein Thema es sich handelt. Wenn Sie das dahinter liegende Thema erkannt haben, dann lösen Sie es teilweise schon alleine durch das Erkennen der Problematik. Danach sollten Sie innerlich täglich daran arbeiten, damit sich die damit verbundenen und festgesetzten Energien in Ihnen wieder lösen können. Wenn Sie wollen, dann arbeiten Sie mit kosmischer Lichtenergie und lösen sich von den Altlasten.

Die Kreuz-Karten zeigen uns somit an, dass wir uns mit karmischen Lernaufgaben auseinander setzen müssen. Wir kommen nicht drum herum, uns mit diesen Themen zu beschäftigen, um die damit verbundenen Energien wieder zu lösen. Wut auf den anderen zu haben, der einen an die inneren Themen heranführt, ist der absolut falsche Weg. Den anderen könnte man höchstens als Karmaträger bezeichnen, der einem hilft, auf sich selbst zu blicken. Das ist der Lösungsweg für ein tiefes, einfaches und freies Leben.

25 Kreuz-Ass/die Trauerweide

Das Karma schlägt zu, Angst vor dem Ungewissen, der karmische Gerichtsvollzieher kommt.

Das Kreuz-Ass symbolisiert ein drohendes Unheil, das auf uns zukommt und uns mit Sicherheit erschaudern lässt. Oftmals begegnen wir unangenehmen Situationen, denen wir uns stellen müssen. Doch meist wollen wir diese „ungebetenen Gäste" nicht in unserem Haus/in unserer Nähe haben. Nichtsdestotrotz: Wir werden sie hereinbitten und anhören müssen, damit wir unser dahinter liegendes Problemthema erkennen und verstehen lernen.

Wir alle wissen tief im Inneren, wie das geht: Wenn wir freiwillig nicht bereit sind zuzuhören, dann transformieren sich die Problemenergien im Außen, und wir bekommen einen dementsprechenden Dämpfer erteilt. So kann es sein, dass wir unser geliebtes Auto verlieren müssen, nur damit wir endlich einmal auf unsere innere Stimme hören. Immer dann, wenn wir uns ablenken, wenn wir „Schlaftabletten" nehmen, damit wir unserer inneren Stimme nicht zuhören müssen, dann brauchen wir etwas härtere Maßnahmen, damit wir hinsehen, und dann kann es sehr wohl sein, dass wir das, was uns wichtig und wertvoll ist, verlieren müssen, damit wir wieder auf uns Acht geben. Das ist die dahinter liegende Aufgabe. Somit können wir auf dieses Konto all das verbuchen, was für uns unangenehm war - was uns weh getan hat. Man könnte dies auch als schicksalhafte Begegnung bezeichnen. Doch wenn wir meinen, nicht hinhören zu müssen, dann werden wir Opfer bringen müssen, damit wir über die Trauer und den Verlust erfahren, welche schmerzvollen Emotionen in uns sind. Immer dann, wenn wir wieder auf unsere Beine fallen, wenn wir an den tiefen Schmerz in uns gelangen, dann hören wir zu. Dann sind wir zumeist lernwillig und erfahren auch alles, was wir erfahren sollen. Und somit müssen wir hin und wieder auf unsere innere Stimme hören und das annehmen, was wir gerade so Wichtiges vernommen haben. Erst wenn wir die Bereitschaft dazu haben, können wir uns mit all dem, was wir wieder gerne leben möchten – also den schönen Seiten des Lebens, genussvoll beschäftigen. Sollten wir jedoch unter keinen Umständen bereit sein, auf uns zu hören, dann kommen unsere tief verwurzelten Probleme stetig wieder und verdunkeln unser strahlendes Licht. In andere Worte gekleidet bedeutet dies nichts anderes, als dass wir eine kurzweilige Depression haben, die für ein paar Stunden kommt und dann auch wieder geht. Doch mit der Zeit wird sie immer heftiger und intensiver. Sie nimmt uns einfach all das weg, was uns bis dahin wichtig war. Wir stehen dann nackt und entblößt vor uns selbst und müssen uns unserem inneren Licht stellen. Ein wichtiger Trost: Wenn wir uns dann endlich mit uns beschäftigen, dann ist der Spuk schnell vorbei und die Depressionen lösen sich in Wohlgefallen auf. Die Angst vor dem eigentlichen Problem ist zumeist viel größer als die Handlung, also das Durchgehen und Auflösen der Problematik an sich. Also nur Mut!

Kurzdefinition: Wenn Kreuz-Ass auftaucht, können wir daran eindeutig erkennen, dass es sich bei den anstehenden Themen um Karmathemen handelt. Wir sollten immer, wenn sie auftaucht, besonders ernst und behutsam mit der Sache umgehen. Hier ist Aufräumarbeit angesagt. Sollten wir uns den anstehenden Themen bewusst nicht stellen wollen, dann wird unser Karma einiges in unserem Leben durcheinanderwirbeln, damit wir wieder bereit sind, uns den Lernaufgaben zur Verfügung zu stellen, um uns von den Altlasten zu befreien. Der Kniefall vor dem eigenen inneren, göttlichen Licht und dem Lebensweg, den wir sowieso nur in Teilen bewusst beeinflussen können, ist das ideale Sinnbild, das sich hinter dieser Information verbirgt.

26 Kreuz-König / der Vampir

Der falsche Freund, der Verräter, der Missbraucher.

Der Kreuz-König steht wieder für eine männliche Person. Es handelt sich hierbei jedoch eher um eine unangenehme Person. Zumindest ist die Begegnung mit diesem Mann für uns eher unangenehm, da wir durch ihn mit Themen konfrontiert werden, die wir nicht wahrhaben wollen. Doch wie werden wir konfrontiert? Immer dann, wenn zwei Personen unterschiedliche Meinungen vertreten, dann tritt eine Disharmonie ein, die entsprechend auf die Beziehung der beiden zueinander einwirken wird.

Sollte eine außenstehende Person eine andere Meinung vertreten als ich selbst, wird mir dies ziemlich egal sein, es sei denn, diese Person und deren Meinung ist für mich wichtig und ein Teil in mir vertritt die gleiche Meinung; dann nämlich muss ich mich mit meinem inneren Meinungszwiespalt auseinander setzen. Je mehr mein Gegenüber nun seine Meinung vertritt – immerhin wird er von einem Teil in mir noch zusätzlich dazu aufgefordert und unterstützt – , desto mehr werde ich/andere Teile in mir verunsichert. Wer kann schon gut damit umgehen, wenn er innerlich unsicher ist? Kaum einer, deshalb werden wir so lange nachdenken, bis wir eine neue Lösungsmöglichkeit gefunden haben. Und damit wir nicht nachlässig werden und uns der inneren Meinungsverschiedenheit stellen, brauchen wir einen anderen/eine außenstehende Person, die uns belastend auffällt, wie ein Fels in der Brandung ihre eigene Meinung vertritt und von uns automatisch erwartet, dass wir sie und ihre Meinung anerkennen. Diese Person ist dann der „König des Karmas" und sucht die wunden

Punkte seines Gegenübers, um ihm seine Verletzungen aufzuzeigen. Um mehr geht es hierbei nicht.

Wir alle tragen verletzte Themen, die wir noch bearbeiten müssen, in uns. Und gerade der Kreuz-König/eine außenstehende, männliche Person hat seinen Blick auf unsere Verletzungen gerichtet, um sich an ihnen zu laben. Welchen Vorteil er davon hat? Solange er die Verletzungen und Verfehlungen der anderen vor Augen hat, braucht er auf seine eigenen nicht zu schauen. Dadurch lenkt er von sich selbst ab. Doch auch seine Themen drücken, und somit wird er immer häufiger den Blick auf die anderen richten, um diese wutentbrannt anzuschnauzen, da er sich durch sie beziehungsweise durch seine eigenen Verfehlungen belastet fühlt. Er will das die anderen/das Spiegelbild ihn loslassen, in der Hoffnung, endlich den lang ersehnten inneren Frieden finden zu können. Doch so einfach ist das nicht, keiner kann für den anderen die Probleme aufräumen. Obwohl wir alle tief im Inneren wissen, dass wir uns nur selbst helfen können, bleiben die Forderungshaltungen gegenüber den anderen oftmals bestehen. So gibt es viele Menschen, die über andere leben und sich über diese Personen immer wieder aufregen, damit sie sich nicht über sich selbst ärgern müssen. Die anderen stellen sich somit als Prellbock zur Verfügung, doch im Grunde genommen machen beide genau dasselbe: Sie schauen auf den anderen, um nicht auf sich selbst schauen zu müssen. Um dieses Muster noch einmal transparenter aufzuzeigen: Immer dann, wenn ich mich über einen anderen ärgere, dann ärgere ich mich, und somit befindet sich die Wut in mir, ich bin wütend über mich selbst – der andere ist höchstens der Spiegel, der mir diese Emotionen entlocken kann. Somit stehen sich zwei Komponenten gegenüber, die beide im Grunde genommen dasselbe wollen – innerlich aufräumen. Immerhin wollen beide Menschen ihren Seelenfrieden wiederfinden, und das können sie nur, wenn sie sich innerlich darüber klar geworden sind, was für energetische Ansprüche sich in ihnen befinden.

Ein Kreuz-König ist jedoch keine Person, die mal eben nett die Themen des anderen spiegelt, nein, er kompensiert über andere und erwartet, dass diese sich ihm gegenüber öffnen. Somit versucht er seine eigenen Verfehlungen bei dem anderen zu parken. Dies deutet sehr stark auf ein Täter-Opfer-Rollenspiel hin, und genauso ist es auch. Der Kreuz-König will absolut nicht sehen, dass sich die Themen in seinem Inneren befinden, und somit sucht er äußere Begebenheiten, um seine innere Unruhe auf andere ablegen zu können. Hierbei handelt es sich dann symbolisch gesehen um ein Kuckucksei, das er bewusst in das falsche Nest legt. Er will, dass die andere, von ihm auserwählte Person sein Ei mit ausbrütet, damit er sich darum nicht mehr kümmern muss. In seiner Position der Verteilung von Aufgaben ist er ein wahrer Künstler, und er wird alles daransetzen, damit die anderen dies nicht merken und sich somit nicht trauen, das fremde Ei aus dem Nest zu werfen. Somit übt der Kreuz-König auf andere gerne Druck aus, damit sich keiner seinen Klauen entziehen kann.

Die Form, die ich hier wähle, um den Kreuz-König zu beschreiben, mag für Sie nicht ganz einfach zu verstehen sein, doch er ist so, er wählt absichtlich solche Möglichkeiten aus. Es gibt genug Energie-Vampire, die alles daransetzen, um sich über ein Opfer, das sie aussaugen können, zu laben und zu bereichern. Auch ein Herz-König kann sich im Laufe der Zeit zum Kreuz-König entwickeln, deshalb ist es besonders wichtig, auf energetische Übertragungen zu achten. Sollte dies der Fall sein, wird der einstige Herzenspartner alles tun, um dem anderen zu schaden. Er wird ihn quälen, schwächen und aussaugen – sich sein Opfer gefügig machen. Je mehr das Opfer versuchen wird, sich selbst aufzurichten, um in der eigenen Energie zu bleiben, desto mehr wird er das Opfer wieder in die Opferrolle pressen. Und solange das Opfer diese Rolle nicht verlässt, solange funktioniert das System. Dem Opfer wird dieser Mechanismus, obwohl offensichtlich, lange Zeit nicht bewusst sein, da der Herz-König ihm immer unterstellen wird, dass es sich rein um dessen Verfehlungen/also die des Partners handelt und dass die „Strafe" somit gerechtfertigt ist. Außerdem wird der Täter/ der Kreuz-König zwischenzeitlich immer wieder sehr lieb sein. Typisch für solche Menschen ist eine sanfte, aufgesetzte Art, die bei weitem nicht echt ist, denn dann, wenn es wieder an der Zeit ist, werden sie unsanft zustechen.

Somit kann man mit einem Kreuz-König nicht in einer solchen Verbindung dauerhaft verweilen. Für unseren Lebensweg sind diese Menschen jedoch besonders wichtig, damit wir die eigenen inneren Wahrheiten erkennen können. Man kann ihnen dankbar sein, wenn man ihnen begegnet und sein Thema erkannt hat - doch dann ist es an der Zeit, Adieu zu sagen.

Kurzdefinition: Die Karte Kreuz-König zeigt uns an, dass wir mit diesem Menschen innerlich und auch äußerlich konfrontiert werden. Natürlich ist der äußere Tyrann innerlich in uns zu finden. Auch wenn er im Außen brüllt und tobt, so gibt es doch in unserem Inneren einen Energieanteil, der andere Teile in uns ähnlich behandelt. Die Täter-Opferthematik ist in uns selbst zu Hause. Ein Missbrauch findet immer innen wie außen statt, und den gilt es aufzudecken. Haben wir unseren inneren Vampir gefunden, können wir uns von dem äußeren lösen. Das ist der Weg, um in unseren tiefen inneren Verließen die Wahrheit zu finden.

27 Kreuz-Dame/die Spinne

Die Festhaltende, die Klammernde, kaum noch Luft zum Atmen.

Die Kreuz-Dame ist dem Kreuz-König sehr ähnlich, auch hierbei handelt es sich wieder um eine Person, die sehr intrigenhaft ist. Sie umspinnt ihr Opfer, um sich dann an seinen Energien/seinem Blut zu laben. Sie saugt ihre Opfer förmlich aus. Dabei benutzt sie sehr sanfte Mechanismen, um sich das Opfer gefügig zu machen. Sie betäubt es förmlich, indem sie versucht, mit ihrer sanften Art von ihren Absichten abzulenken. Wenn man über sie nachdenkt, kann man sich nicht vorstellen, dass sie zu so etwas fähig ist. Sie wirkt anfangs freundlich und sanft, hilfsbereit und lieb. Doch dann spürt man sie immer mehr und mehr, wie sie ihre Hauer an den Hals setzt und sich festbeißt. Man spürt den Biss und gleichzeitig auch den Verlust von eigenen Energien. Sie beißt sich fest, und das Opfer muss immer mehr und mehr an diese Person/die Spinne denken. Sie versucht förmlich Besitz von ihrem Opfer zu nehmen, es zu vereinnahmen - das Opfer kann sich dem kaum noch erwehren. Deshalb ist es so wichtig, darauf zu achten. Doch was tut man, wenn man einem solchen Energieräuber verfallen ist? Man muss sich unter allen Umständen mit eigener Kraft wieder lösen - das ist die Aufgabe.

Ein Energie-Vampir kann sich selbst nicht nähren und sucht deshalb andere, die ihn miternähren: Tief im Inneren meint er das Recht dazu zu haben. Immerhin schaut der Energievampir neidisch auf all die Menschen, die satt und glücklich ihr Leben genießen, und genau das will er auch haben, nur unternimmt er dafür aktiv viel zu wenig in seinem Leben. Doch das wiederum will er nicht wahrhaben, und damit er sich nicht mit sich selbst und mit seinem „ungelebten", starren Leben – tief im Inneren fühlt er sich fast tot – auseinander setzen muss, sucht er sich einen lebensfrohen Menschen, den er sich gefügig machen kann. Mit diesem wird sich der Energie-Vampir energetisch immer mehr und mehr verbinden, bis er das Gefühl hat, dem anderen immer näher und ähnlicher zu sein. Natürlich wird der andere – das Opfer – sich wehren und wird sich stetig versuchen, aus der Verbindung zu lösen. Dies wird auch in Teilen gelingen, immerhin können wir uns jederzeit aus einer Verbindung wieder lösen, wir müssen es nur bewusst wollen. Doch der Kreuz-Dame wird dies gar nicht gefallen, und so wird sie alles dafür tun, um das Opfer wieder in die gewohnte Bahn zu setzen. Beste Taktik dafür ist ein „schlechtes Gewissen". Damit wir uns selbst überprüfen können, ob wir einem Energie-Vampir aufgesessen sind, reicht es vollkommen aus, wenn wir einmal intensiv darüber nachdenken, welche äußere Person in uns ein schlechtes Gewissen hervorrufen kann. Die Energien/Informationen selbst fließen absolut transparent und sind somit nicht direkt erkennbar. Man spürt sie jedoch sehr genau. Wenn man in sich hineinfühlt, bekommt man das Gefühl, als wolle ein anderer/die Kreuz-Dame von einem Besitz ergreifen, als würde man einkassiert werden. Immer dann, wenn sich solche Gefühle melden, heißt es, besonders wachsam zu sein.

Doch warum passiert uns das? Der Grund dafür liegt wieder tief in unserer Seele begraben. Natürlich sprechen wir auch in einem solchen Fall von Schattenanteilen, die sich uns wieder problematisch in den Weg stellen. Es sind unsere inneren, ungeliebten Kinder, die sich melden und weinen. Sie wollen an die Mutterbrust genommen und genährt werden. Je weniger wir diese Seelenanteile lieben, desto mehr werden sie sich mit anderen und zwar mit unseren Lieblingsanteilen verbinden, damit wir sie mitnähren. Jedoch werden wir sie nicht unbedingt bewusst wahrnehmen, im Gegenteil, solange sie sich verstecken, spüren wir ihre Existenz kaum. Ähnlich wie ein Kind, das sich angepasst so verhält, wie es seiner Meinung nach die Eltern haben wollen. Das Kind weiß dann genau, dass es gegen sein Urnaturell, also gegen sich selbst, lebt und somit anders ist, als es tief im Inneren sein möchte. Doch es passt sich trotzdem an, damit es geliebt und gemocht wird. Genauso müssen wir uns das in uns vorstellen. Wir haben Energien/ Eigenschaften in uns, die wir selbst nicht mögen, und trotzdem wollen diese Teilenergien gemocht und geliebt werden; und damit dies passieren kann, versuchen sie andere Anteile/Eigenschaften, die uns lieber sind, nachzuahmen, und das wiederum klappt am Besten, wenn man sich mit diesen Teilen absolut verbindet. Je mehr man dem anderen ähnlich wird, desto einfacher ist die Kopie. Und somit spinnt der Täteranteil über das Opfer ein Netz, damit er das Opfer einfangen kann, um sich dann den gewohnten Platz des Opfers einzuverleiben. Er will nichts anderes, als den beliebten Platz des anderen einnehmen. Mit der Zeit wird dieser Energieanteil immer sicherer sein, dass ihm dieser Platz auch zusteht. Sollte dann der andere Anteil Ansprüche stellen, wird der Täteranteil dieses als ungerecht zurückweisen, immerhin steht ihm dieser Platz doch nach altem „Gewohnheitsrecht" zu, oder?

Genauso ist das mit der Kreuz-Dame. Wenn sie auftaucht, dann zeigt sie eindeutig an, dass wir uns kümmern müssen und zwar um unsere inneren Schattenanteile, die andere in uns lebende Energieanteile vereinnahmen wollen. Wenn wir diesen Schattenanteil dann ausfindig gemacht haben, müssen wir ihn bearbeiten und in unser reales Leben integrieren. Alles das, was wir in uns tragen, das gehört zu uns und braucht somit seinen geordneten Platz. Oftmals haben wir Teilenergien symbolisch ausgelagert, die sich dann über einen solchen Weg wieder bemerkbar machen. Damit wir sie nicht vergessen, brauchen wir andere Personen, die uns daran erinnern, was in unserem tiefen Inneren abläuft. Und eine Kreuz-Dame ist dafür geradezu ideal. Nach

Erkennen und Aufarbeitung der Thematik erledigt sich das äußere Streitthema mit der Kreuz-Dame von alleine. In den meisten Fällen brauchen wir diese Person dann nicht mehr, und oftmals lösen sich diese Verbindungen von alleine auf.

Kurzdefinition: Wenn diese Karte auftaucht, ist es angesagt, tief in unsere inneren Bereiche zu schauen und den inneren Vampir in uns aufzuspüren. Er lebt ähnlich wie eine Spinne und hält andere Teilenergien in seinem Netz gefangen. Wenn wir uns bei dem Anblick einer Spinne erschrecken, passiert nichts anderes, als dass wir uns spontan an die in uns gefangengehaltenen Energien erinnern. Somit locken wir durch unsere unbewusste Angst Spinnen geradezu an, die uns wie die Kreuz-Dame nur erinnern wollen. Also achten Sie auf sich!

28 Kreuz-Bube/das Unglück

Der Pechvogel, tappt in jede Pfütze, fühlt sich beschmutzt und muss sich reinigen.

Der Kreuz-Bube ist die negativste Karte im Spiel und zeigt uns an, dass wir uns momentan eher auf der dunklen als auf der hellen Seite des Lebens aufhalten. Wir werden hierbei auf unsere in uns befindlichen dunklen Punkte bewusst aufmerksam gemacht. Natürlich kennen wir das alle: Wir fühlen in uns hinein, uns wird schwindelig, wir haben das Gefühl, als würde sich alles im Kreise drehen. Wir denken an unsere Verfehlungen und Disharmonien und besonders über andere Menschen nach, mit denen wir in unserem Leben belastend zu tun haben/hatten. Dies alles sind dunkle Punkte auf unserer Seele, und gerade mit diesen müssen wir uns intensiv auseinander setzen. Das heißt, wir müssen aufräumen, das ist unser Weg, den wir zu gehen haben.

Wie oft erleben wir Situationen, die wir nicht verarbeitet haben, mit denen wir immer noch ein schlechtes Gewissen verbinden. Damit wir diese Punkte aufräumen können, müssen wir uns diesen inneren Verfehlungen stellen, um Klarheit zu bekommen. Und genau das ist der Punkt. Wir kommen nicht drum herum, als uns alles das, was wir getan haben, genau anzuschauen. Wenn wir einem anderen Menschen schaden, dann belasten wir uns selbst und bilden neues Karma. Damit wir lernen, uns daran zu erinnern, speichert mindestens ein Teil in uns alle belastenden Themen ab und versucht, uns zu erziehen. Immer wieder bekommen wir ein schlechtes Gewissen, und genau das will dieser Teil auch. Wir sollen das bereuen, was wir getan haben, damit wir erkennen können, worum es geht. Nur wenn wir selbst Reue empfinden, können wir uns von diesen Belastungen wieder lösen. Ansonsten kommen unsere inneren Verfehlungen wie Spukgeister aus dem Nichts immer wieder in unser Leben hinein. Die Auflösung der Altlasten ist die Aufgabe, die dahinter steht. Wir müssen uns klären, innerlich verzeihen und uns lösen. Wir müssen aus unseren Fehlern lernen, nur so haben wir eine Chance zu verhindern, dass wir uns weiterhin energetisch verstricken. Sollten wir jedoch freiwillig dazu nicht bereit sein, werden sich die belastenden Themen immer stärker bemerkbar machen, und wir werden uns in eine Ecke gedrängt fühlen, bis wir erkennen, worum es geht; bis wir uns sicher sein können, was wir lernen müssen. Wir selbst sind oftmals blind, doch die anderen, die können unsere Energieverstrickungen viel einfacher und leichter sehen. Unsere Verfehlungen sind in der Aura ablesbar. Deshalb gibt es immer noch so viele Menschen, die ständig versuchen, den anderen auf seine energetischen „Beschmutzungen" aufmerksam zu machen, nur damit dieser endlich seine „energetisch belasteten Klamotten" wegräumt. Doch wenn wir einen anderen, der nicht hören will, darauf aufmerksam machen wollen, werden wir höchstens eine Abfuhr erleben. Also, es lohnt sich nicht. Jeder muss sein eigenes Päckchen tragen, und der Kosmos wird schon dafür sorgen, dass jeder zum passenden Zeitpunkt an seine Themen erinnert wird. Wir können jede Aufgabe mit ruhigem Gewissen an den Kosmos abgeben.

Kurzdefinition: Wenn der Kreuz-Bube auftaucht, zeigt er uns die Verfehlungen an, mit denen wir uns auseinander setzen müssen, um mehr geht es nicht. Also brauchen wir vor ihm keine Angst zu haben. Denn Angst kommt von Enge, und solange wir innerlich nicht aufräumen, erleben wir unser Leben als eng. Also kann jede Konfrontation mit unseren inneren Schattenanteilen doch im Grunde genommen nur

Weite bedeuten, die wir nach der Verarbeitung automatisch erlangen werden. Also, es lohnt sich.

29 Kreuz-Zehn/das Erdbeben

Plötzlich verliere ich den Boden unter den Füßen; das große Loch, das mich aufzufressen droht; die Unsicherheit.

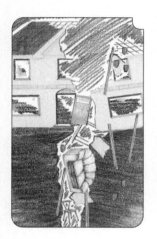

Die Kreuz-Zehn steht für Stresssituationen in unserem Leben. Oftmals fühlen wir uns gestresst und unruhig. Wir wissen nicht mehr, wie wir uns sortieren sollen. Alle Teile in uns wollen zu Wort kommen, und wir versuchen alles zu erfüllen, doch dadurch kommen wir nicht zur Ruhe. Wir wissen dann oftmals nicht mehr, wo vorne und wo hinten ist. Alles rennt an uns vorbei. Wir warten auf die Wegbiegung, die uns wieder ein Stück näher zu uns selbst bringt.

Viele Menschen leben in so genannten Rollenverhaltensmustern, die als Gewohnheitsstrukturen auch gelebt werden wollen. Wir sind es gewohnt, dass der andere so ist, wie er sich uns zeigt und auch schon lange gezeigt hat. Wir erwarten, dass er sich immer weiter so verhält, wie wir es von ihm gewohnt sind. Doch der Mensch ändert sich. Andere Themen kommen nach vorne ins Bewusstsein und wollen gelebt werden. Wir sollten nicht vergessen: Wir bestehen nun einmal aus vielen verschiedenen Teilenergien, die sich alle nach vorne in unser Bewusstsein drängen wollen. Und was passiert dann? Wir könnten innerlich ausbrechen, die gewohnte Rolle hinter uns lassen, einen neuen Weg der Befreiung suchen und auch finden. Doch was würden die anderen sagen, wenn wir uns so verhalten? Das ist die größte Angst, die wir zumeist haben, um eine gewohnte Rolle verlassen zu können und um uns neuen Lebensbereichen zu widmen. Doch wer erteilt das Verbot, wer behindert uns? Die anderen? Nein, nur wir selbst. Wir selbst erlauben uns gewisse Komponenten nicht zu leben, das ist das eigentliche Problem. Je mehr wir uns gegen uns selbst auflehnen, desto schwerer wird unser Leben für uns. Irgendwann brechen wir aus, dann verlassen wir die gewohnten Bahnen und springen in ein anderes Extrem, um uns zu leben. Sollten wir dies jedoch tun, würden wir uns innerlich in einem kompletten Zwiespalt befinden, der uns letztlich auch nicht helfen kann, unseren eigenen Weg frei und ungebunden zu beschreiten. Somit müssen wir zuerst lernen, uns selbst zu finden und uns zu erlauben, das, was wir uns wünschen, auch zu leben.

Je weniger wir uns das erlauben, desto mehr fühlen wir uns innerlich gespalten, in zwei Welten zu Hause. Letztlich betrachtet kann auch dieser Weg keine Harmonie bringen. Irgendwann läuft das Fass über, und dann stehen wir vor unserem Scherbenhaufen, den wir aufräumen müssen, ohne uns jedoch dabei ins eigene Fleisch zu schneiden. Sollten wir dies nicht tun wollen, dann wissen wir nicht mehr so recht, welchen Weg wir einschlagen sollen, was rechts oder links ist. Spätestens dann sollte ich mir selbst Rede und Antwort stehen. Dann muss ich mich sortieren, denn ich stehe kurz vor einer inneren Explosion; meine Energien toben und ich muss allen innewohnenden Stimmen zuhören - das ist der Weg.

Kurzdefinition: Die Kreuz-Zehn zeigt das innere Ungleichgewicht an. Ich bin innerlich nervös und rotiere, muss mich dingend sortieren und mir offen und ehrlich erlauben, dass ich mich so, wie ich bin, auch leben darf. Wenn ich mich meinem äußeren Umfeld stark präsentiere, werden auch die anderen meine Wandlung akzeptieren, jedoch nur, wenn ich sie für mich selbst schon akzeptiert habe. Die Kreuz-Zehn ermahnt mich dazu, endlich ehrlich zu mir selbst zu sein. Ich werde mich nach der inneren Auseinandersetzung und Akzeptanz meiner Person absolut besser fühlen. Das Ablehnen der eigenen Persönlichkeit ist wohl das schlimmste Verbrechen, was wir uns selbst auferlegen können.

30 Kreuz-Neun / die Transformation

Leben und Sterben, die hundertprozentige Umwandlung, das Hineingleiten in eine andere Dimension.

Die Kreuz-Neun ist die Karte des Verlusts. Sie zeigt an, dass wir etwas loslassen müssen. Es handelt sich dabei jedoch um eine innere Vorstellung, die mit Sicherheit mit der momentan auftretenden äußeren Situation zusammenhängt. Doch wie schwer fällt es uns oftmals, uns einfach zu lösen, Situationen und Personen loszulassen und uns auf eine andere Ebene zu begeben. Wie gerne halten wir an unseren althergebrachten Vorstellungen fest und wollen uns bis auf alle Ewigkeit damit verbinden. Doch was nützt uns das? Wenn wir nicht bereit sind, unsere inneren Bilder zu wandeln, würden wir nur noch in unseren Träumen leben. Wenn wir hoffen, dass der Traumprinz uns erretten möge, dann werden wir bis auf alle Ewigkeiten warten und den Partner, der liebevoll neben uns auf der Couch sitzt, nicht wertschätzen können, da er unserer Meinung nach nicht der Traumprinz sein kann. Warum nicht? Ganz einfach, das Idealbild passt nicht. Und somit dürfte jetzt schon klar sein, dass unsere inneren Bilder und Vorstellungen vom Leben, wie das Leben sein soll, oftmals einen sehr großen Nachteil für uns darstellen, da wir das, was wir haben, nicht schätzen können, solange wir auf etwas anderes warten. Somit würden wir unserem realen Leben kaum eine Chance geben.

Doch woher haben wir diese Bilder in uns? Meist schon aus der Kindheit: Wir kopieren beispielsweise das Partnerschaftsbild der Eltern und versuchen dieses nachzuleben. Wenn die erlebten Eltern dann „nie" miteinander glücklich waren, dann werden wir es auch nicht sein. Wir funktionieren nach genau diesem einprogrammierten Muster, und damit uns das überhaupt bewusst wird, müssen wir oftmals darüber nachdenken, damit wir eine andere Ebene der Erkenntnis bekommen können. Wir müssen erkennen, was wir uns selbst antun, mit unseren inneren Bildern, die stetig wie ein schlechter Film in unserem Kopf auftauchen und uns die Laune verderben. Somit sollten wir hin und wieder hinschauen, damit wir unsere Glaubenssätze – solange wir glauben, sind wir von einer Sache überzeugt – ändern können. Wir müssen lernen, das, was wir haben, auch so anzunehmen, wie es ist. Sollte uns irgend etwas nicht passen, dann müssen wir es eben wandeln. Jede noch so kleine Unzufriedenheit deutet letztlich nur darauf hin, dass wir meinen, anders sein zu müssen, als wir wirklich sind, und das ist ein fataler Irrtum. Wir müssen lernen, das zu leben, was wir sind, doch dafür müssen wir wissen, wer oder was wir sind. Nur so haben wir eine reale Basis der Erkenntnis. Und damit wir ab und zu darüber nachdenken, zerplatzen unsere Wunschträume wie eine Seifenblase. Nachdem wir uns die Augen „ausgeheult" haben, werden wir wieder neu durchatmen und uns erneut, mit frischem Elan, auf unseren Lebensweg begeben - hoffentlich den wahrhaftigen, realen und nicht wieder den unrealistischen, verträumten.

Kurzdefinition: Wenn die Kreuz-Neun auftaucht, zeigt sie uns eindeutig an, dass wir loslassen und uns ändern müssen. Erst wenn wir erkennen, was wir wirklich leben wollen, werden wir uns bewusst unseren inneren Talenten und Fähigkeiten stellen können. Jeder Verlust ist schwierig. Wichtig ist, dass wir uns selbst erlauben, darüber trauern zu dürfen. Nur so können wir unsere wahrhaftigen Bedürfnisse kennen lernen.

31 Kreuz-Acht/die Krankheit

Ich brauche dringend Heilung und Regeneration, bin müde und abgeschlafft, meine Lebensgeister haben mich verlassen.

Die Kreuz-Acht steht für die seelische und körperliche Krankheit. Wenn wir gegen uns leben, dann wirkt sich dies sehr negativ auf unsere Energieebenen aus. Mit der Zeit werden sich diese negativen Energien sogar auf die körperliche Ebene legen und in Form einer Krankheit ins sichtbare Feld rücken. Jede Krankheit kommt von innen heraus. Und somit müssen wir jegliche Heilung ansatzweise auch in unserem Inneren suchen. Es ist immer gut, einen Arzt zu konsultieren und sich Hilfe geben zu lassen, doch letztlich muss der Körper sich wieder in einem harmonisch-energetischen Gleichgewicht befinden - das ist der einzige Weg der wahrhaftigen Heilung. Doch wie baut sich eine Krankheit überhaupt auf?

Stellen wir uns einmal vor, dass wir uns in unserem Leben in Teilbereichen energetisch zurücknehmen. Meist schon erlernt in der Kindheit verbergen wir eine innere Energie in uns und leben somit bewusst nur mit bestimmten Energieanteilen. Mit der Zeit rebellieren diese nicht geliebten Energien in unserem Körper, denn auch sie wollen Gehör finden. Damit diese nun nicht als Störenfriede ins Alltagsgeschehen eingreifen können, hindern wir sie daran, indem wir andere Energien dagegen richten. Somit kämpfen die Energien untereinander und behindern sich gegenseitig. Mit der Zeit wird dies jedoch immer heftiger, so dass wir immer deutlicher spüren, wie sich in uns ein innerer Zwist aufbaut. Dieser legt sich sehr schnell über die Aura und wird nach kurzer Zeit im Körper spürbar sein, die Energien brauen sich zusammen. Wir bekommen dann regelmäßig depressive Phasen, die allein dazu dienen, dass wir hinschauen, damit wir sehen, worum es geht. Sollten wir schon in einem solchen Moment der körperlich spürbaren Disharmonie einen Arzt zu Rate ziehen, dann können wir uns - nach Bestätigung unserer vermuteten Eigenkämpfe - überlegen, wie wir zukünftig mit uns verfahren werden. Doch ganz so einfach ist es trotzdem nicht: Wir sollten nicht vergessen, wie schwierig es ist, die Energien so zentriert auf eine Körperstelle zu legen, dass der Körper/die Körperstelle letztlich darüber krank wird. Je länger wir eine Energiestruktur und somit eine Körperstelle belasten, desto mehr werden wir die Krankheit spüren. Deshalb müssen wir, sobald wir eine körperliche Belastung merken – und das merken wir daran, dass wir innerlich trauern und Energien, die sich frei machen wollen, eher unterdrücken und herunterschlucken –, darauf achten, dass wir uns erlauben, die verletzten Energien zu heilen, damit wir wieder gesund und heil werden können. Denn die Krankheit entsteht aus einem gesunden Körper, den wir selbst krank gemacht haben, also können wir ihn auch nur wieder selbst gesunden lassen.

Kurzdefinition Die Kreuz-Acht zeigt uns an, dass wir/der Körper/die Situation/der Gegenstand krank sind. Somit müssen wir sofort darauf reagieren und überlegen, was wir tun können. Wir sind immer handlungsfähig, und das sollten wir nie vergessen. Also, sobald diese Karte auftaucht, achten Sie darauf, um was für energetische Verstrickungen es sich hierbei handelt.

32 Kreuz-Sieben/die Tränen

Alte Schmerzen tauchen wieder auf und schreien nach Erlösung, Schmerzbewältigung, Wiederfinden der inneren Ruhe.

 Die Kreuz-Sieben steht für ungeweinte Tränen und Traurigkeit. Wie oft erleben wir Schicksalsschläge, die wir in dem Moment, wo sie passieren, nicht einfach verarbeiten können, da die Situation sich nicht ergibt. Doch was machen wir später, was machen wir danach? Meist begeben wir uns danach wieder in den alltäglichen Lebensrhythmus hinein. Wir nehmen uns kaum noch Zeit über erlebte Situationen zu trauern, wir stecken die Energien lieber in uns weg, nach dem Motto: Ein Indianer kennt keinen Schmerz. Was für ein Quatsch, wir alle sind emotional und sollten uns von daher erlauben, unsere Emotionen auch leben zu dürfen. Wenn wir uns jedoch in unserem Gram verstecken und uns nicht erlauben, uns zu leben, dann ziehen wir uns energetisch zurück und verkapseln die verletzten Emotionen. Diese tauchen dann immer wieder aus dem Schattenbereich auf und wollen gelebt werden.

Weinen Sie öfter und wissen bewusst nicht warum? Nein, wissen Sie es wirklich nicht? Es ist die Trauer, die hochkommt und verarbeitet werden will. Wir müssen alles das, was zu uns gehört, leben. Wir können uns nicht einfach verschließen in der Hoffnung, dass das Thema sich für uns erledigt hat. Nein, wir müssen uns innerlich um unsere Verletzungen kümmern, wir müssen uns ausheilen, wir sollten unseren inneren Arzt konsultieren, damit wir uns regelmäßig mit den verletzten Energieanteilen in uns auseinander setzen. Somit müssen wir uns in einem solchen Fall innerlich und äußerlich behandeln und heilen. Es gibt genug Helfer auf dem Weg zur Selbstheilung, und somit können wir bei Bedarf Hilfe in Anspruch nehmen. Doch eins sollte jetzt schon klar sein: Alles das, was wir meinen, in uns unterdrücken zu müssen - unsere harte Schale, unsere dicke Haut - all die Belastungen des Lebens, die wir auf uns buckeln, werden wir letztlich eines Tages freilegen müssen. Dann werden wir wieder weinen, und hoffentlich werden es diesmal die letzten Tränen über die alten Verletzungen sein. Dies wiederum kann nur sein, wenn wir um unsere inneren Verletzungen bewusst weinen. Tun wir das nicht, dann werden wir immer wieder einen hohen Taschentuchverbrauch haben, ohne genau zu wissen warum. Das ist der andere Weg, der direkten Aufarbeitung und Trauerbewältigung. Wir müssen uns so oder so leben, je klarer wir dies tun, desto besser für uns und unser Leben.

Kurzdefinition: Taucht die Kreuz-Sieben auf, macht sie uns auf alte Trauerbelastungen und somit auf nicht geweinte Tränen aufmerksam. Wir sehen anhand dieser Karte, dass es nicht verarbeitete Schmerzpunkte in uns gibt, die wir lösen und in uns verändern müssen. Also eindeutig die Aufgabe: Trauerarbeit ist angesagt.

Kurzfassungen der Karten zum schnellen Überblick

1. Herz-Ass/das Heim: Das Haus, die Häuslichkeit; alles, was direkt zu mir und meiner nahen Umgebung gehört.

2. Herz-König/der Geliebte: Die männliche Hauptperson, herzlich offener Mann, der Partner der Herz-Dame/die Geliebte.

3. Herz-Dame/die Geliebte: Die weibliche Hauptperson, herzlich offene Frau, die Partnerin des Herz-König/der Geliebte.

4. Herz-Bube/die Befruchtung: Der Neubeginn, das innere/äußere Kind, der neue Weg, der vor uns liegt.

5. Herz-Zehn/die Ringe: Die Ehe, die Wunscherfüllung, die feste verbindliche Beziehung.

6. Herz-Neun/der gefallene Engel: Die emotional tiefe und feste Verbindung, die dunkle und helle Seite in uns.

7. Herz-Acht/die Geselligkeit: Die Lustigkeit, die Beweglichkeit, die Partys, die Freunde, die schönen Seiten des Lebens, die Freude.

8. Herz-Sieben/das Spiegelbild: Die Liebe, die Partnerschaft, Frühlingsgefühle, die Selbstliebe.

9. Pik-Ass/der Vertrag: Die verbindliche Verabredung, an die man sich halten muss, die Einlösung wird beiderseits gefordert.

10. Pik-König/der strenge Vater: Ein starker, erzieherischer Mann; der Ermahner, die Gerichtsperson.

11. Pik-Dame/die strenge Mutter: Die innere Disziplin, die Strenge; die forsche Frau, die einen an die inneren Verbindlichkeiten erinnert.

12. Pik-Bube/die Kommunikation: Das klärende Gespräch, klare Vorstellungen in die Tat umgesetzt, der erste Weg der Materia-lisierung der Gedanken.

13. Pik-Zehn/der Umzug: Die komplette Wandlung, die Veränderung, die Transformation im Außen, die innere Wandlung wurde schon lang vollzogen.

14. Pik-Neun/die Geduld: Es dauert noch lange, es ist noch ein weiter Weg, Geduld ist angesagt.

15. Pik-Acht/die Schnelligkeit: Ein kurzer Weg, bald ist es so weit, es ist in der Nähe, Schnelligkeit ist angesagt.

16. Pik-Sieben/die Ernte: Die innere und äußere Arbeit, Beruf-Berufung, der Arbeitsweg, die Einstellung zu alltäglichen Arbeiten.

17. Karo-Ass/die Meditation: Die innere Kommunikation, die Eingebung, der Blitzgedanke, das Gespräch mit unserem inneren Licht.

18. Karo-König/der gute Freund: Der liebenswerte Kollege, der Sohn, der Bruder; ein lebenslustiger Mann, der gerne lacht.

19. Karo-Dame/die gute Freundin: Die liebenswerte Kollegin, die Tochter, die Schwester; eine lebenslustige Frau, die gerne lacht.

20. Karo-Bube/das Füllhorn: Glück, alles ist in den richtigen Bahnen, eine glückliche Zeit, gutes Gelingen.

21. Karo-Zehn/der Geldbaum: Das Geld, die Einstellung zum Leben, das Rückgrat, die innere Sicherheit, der Energiefluss.

22. Karo-Neun/das Geschenk: Die Gabe, die Freude, das Bewusstwerden über meine „Reichtümer".

23. Karo-Acht/der kleine Erfolg: Der geringe Sieg, luftig leicht die Sachen angehen; es ist in Ordnung, so wie es ist; die Ernte wird nicht sehr groß ausfallen.

24. Karo-Sieben/der große Sieg: Der große Erfolg, besonderes Gelingen der geplanten Vorhaben, alles wird bestens, die Ernte wird sehr reichlich ausfallen.

25. Kreuz-Ass/die Trauerweide: Das Schicksal, die schicksalhafte Begegnung, das karmische Thema, die Aufforderung zur inneren Aufarbeitung.

26. Kreuz-König/der Vampir: Ein negativ ausgerichteter Mann, der Vampir; der Ausbeuter, der die Schwachstellen anderer zu seinen eigenen Zwecken nutzt.

27. Kreuz-Dame/die Spinne: Eine negativ ausgerichtete Frau, die böse Absichten hat; eine Spinne, die ihre Opfer einspinnt, um sie fest an sich zu binden und sie auszusaugen.

28. Kreuz-Bube/das Unglück: Die negativste Karte im Spiel, alles Negative wird wie von einem Magnet angezogen; Spiegelbild der inneren Schattenseiten.

29. Kreuz-Zehn/das Erdbeben: Die Wandlung, die Veränderung, das Aufräumen, die Hektik, der Stress, die Unruhe.

30. Kreuz-Neun/die Transformation: Der Verlust, das Loslassen, das Lösen von alten Verhaltensmustern, der Neubeginn.

31. Kreuz-Acht/die Krankheit: Die seelische und körperliche Erkrankung, die Disharmonie von Körper, Seele und Geist, die Energieblockade und deren Auflösung.

32. Kreuz-Sieben/die Tränen: Die uralte Trauer, die Aufarbeitung alter traumatischer Kindheitserlebnisse, das Loslassen.

Charaktereigenschaften – die inneren Stärken aus positiver Sicht

Wir können viele Legemethoden mit den Karten ausprobieren. Eine sehr einfache können wir als erstes nutzen, um uns mit den Karten ein wenig mehr vertraut zu machen. Sie nehmen die Karten, mischen Sie kräftig und legen Sie ausgefächert, mit dem Bild nach unten, vor sich auf den Tisch. Dann ziehen Sie drei Karten hintereinander aus dem Fächer heraus. Diese Karten sollen eine Kurzbeschreibung Ihrer momentanen Stimmung und Situation abgeben. Sie können die Karten nun herumdrehen und entsprechend der unten aufgeführten Deutung analysieren. Egal wie Sie die Karten nutzen - ob Sie nun wirklich auf Ihre Charakterstärken oder auch -schwächen ziehen wollen oder nur auf den momentanen Zustand -, Sie haben die freie Auswahl. Viel Erfolg.

1. Herz-Ass/das Heim: Die Häuslichkeit, die innere Zufriedenheit, er/sie liebt besonders die Harmonie.

2. Herz-König/der Geliebte: Das stabile Selbstwertgefühl, das sich nach außen demonstrieren lässt.

3. Herz-Dame/die Geliebte: Das stabile innere Gefühl für die eigene Persönlichkeit – ich weiß, wer ich bin, und glaube an mich.

4. Herz-Bube/die Befruchtung: Er/sie liebt alles Neue, ist immer offen für neue, befruchtende Impulse.

5. Herz-Zehn/die Ringe: Die tiefe Verbundenheit, er/sie hält Absprachen ein, will sich dauerhaft verbinden, ist somit absolut partner-

schaftsfähig.

6. Herz-Neun/der gefallene Engel: Die tiefe Emotion, er/sie liebt die Nähe zu anderen Menschen, geht immer nur über tiefe Gefühls-welten, niemals oberflächlich.

7. Herz-Acht/die Geselligkeit: Er/sie ist offen und fröhlich; liebt es, viele Freunde zu haben, geht gerne aus, hat Spaß am Leben und an Vergnügungen.

8. Herz-Sieben/das Spiegelbild: Er/sie liebt sich selbst; ist in sich er-füllt und ausgeglichen, ist offen, Partnerschaft zu leben, sich zu verlieben und den Partner mit Haut und Haaren zu kosten.

9. Pik-Ass/der Vertrag: Er/sie ist sehr diszipliniert, hält seine Verab-redungen und seine Versprechungen auch absolut ein.

10. Pik-König/der strenge Vater: Er ist eine autoritäre, starke Person, die genau weiß, was sie will, und das wird sie mit aller Disziplin umsetzen.

11. Pik-Dame/die strenge Mutter: Sie ist eine starke innere Persönlich-keit, sie weiß, was sie will, und wird es mit ihrer inneren Antriebs-kraft gezielt umsetzen.

12. Pik-Bube/die Kommunikation: Er/sie liebt die offene Kommuni-kation, lässt nichts Gesagtes einfach so stehen, ist ein Analytiker.

13. Pik-Zehn/der Umzug: Er/sie ist wandlungsfähig, zieht seine/ihre Projekte bis zum Schluss durch, liebt die äußeren Veränderungen.

14. Pik-Neun/die Geduld: Er/sie ist besonders geduldig, kann warten,

hat die Ruhe weg.

15. Pik-Acht/die Schnelligkeit: Er/sie liebt die Schnelligkeit und kann spontan zielgerichtet handeln.

16. Pik-Sieben/die Ernte: Er/sie liebt die Arbeit, ist strebsam und fleißig, achtet auf klare Linien.

17. Karo-Ass/die Meditation: Er/sie liebt die Kommunikation auf allen Ebenen, ist wissbegierig, meditativ und spricht mit seinem/ihrem inneren Licht.

18. Karo-König/ der gute Freund: Er liebt das leichte, lockere Leben, kann andere mit seiner Art anstecken, hat eine besonders positive Ausstrahlung.

19. Karo-Dame/die gute Freundin: Sie liebt die Leichtigkeit, sie steckt andere mit ihrer leichten Art an und bringt diese von ihren dunklen Gedanken weg.

20. Karo-Bube/das Füllhorn: Er/sie ist ein Glückskind, alles Positive fällt ihm/ihr zu, er/sie weiß um seine/ihre positiv strahlende Aura, ist gerne besonders beliebt und steht inmitten seines/ihres Lichterglanzes.

21. Karo-Zehn/der Geldbaum: Er/sie ist in sich sehr stabil, gedankenstark, kennt seinen/ihren eigenen Wert und kann sich entsprechend äußern.

22. Karo-Neun/das Geschenk: Er/sie nimmt das Leben als Geschenk, positiv bejahend freut er/sie sich seines/ihres Lebens.

23. Karo-Acht/der kleine Erfolg: Er/sie ist mit dem zufrieden, was er/sie hat, und kann es auch in vollen Zügen genießen.

24. Karo-Sieben/der große Sieg: Er/sie ist strebsam; gibt keine Ruhe, bis er/sie seine/ihre Projekte endlich nach seinen/ihren Vorstellungen geschafft hat, danach steht er/sie stolz auf seinem/ihrem Siegespodest.

25. Kreuz-Ass/die Trauerweide: Er/sie liebt die Tiefen des Lebens, geht durch alles durch, ist stark wie ein Baum, nichts kann ihn/sie umhauen.

26. Kreuz-König/der Vampir: Er zeigt auch seine negativen Seiten und steht dazu, er will nichts beschönigen, er ist so, wie er ist.

27. Kreuz-Dame/die Spinne: Sie steht zu ihren inneren/äußeren Lebenssituationen und versteckt sie nicht, nach dem Motto: Es ist so, wie es ist.

28. Kreuz-Bube/das Unglück: Er/sie zieht die negativen Seiten des Lebens an und liebt es besonders, sich der Dunkelheit hinzugeben.

29. Kreuz-Zehn/das Erdbeben: Er/sie liebt die Spannung, den Kick des Lebens, er/sie geht nicht auf Nummer sicher, sondern eher auf Risiko.

30. Kreuz-Neun/die Transformation: Er/sie lässt gerne los, trennt sich von Ballast und kann sich stetig neu verbinden, um sich wieder zu lösen.

31. Kreuz-Acht/die Krankheit: Er/sie liebt den Seelenschmerz, kein Weg dahin ist ihm/ihr zu weit oder zu schmerzhaft, die tiefsten

Punkte des Lebens sind sein/ihr Zuhause.

32. Kreuz-Sieben/die Tränen: Er/sie liebt tiefe Depressionen, bedrük-
    kende Stimmungen, er/sie weint gerne um andere; weint immer
    dann, wenn es etwas zu weinen gibt, auch wenn es andere betrifft.

Das Kartenlegen

Nun haben wir einiges über die Karten erfahren, so dass wir uns jetzt mehr mit der praktischen Anwendung beschäftigen können. Es gibt verschiedene Methoden, sich der Welt des Kartendeutens zu öffnen. Egal welche Methode Sie wählen, Sie müssen sich auf jeden Fall zuerst auf Ihre Karten konzentrieren. Sie sollten einen Verbund zu den Karten haben, damit Sie sie auch als Ihre eigenen betrachten können. Natürlich werden diese Karten nicht mehr zweckentfremdet, sondern dienen allein der Deutung von Lebenssituationen. Damit Sie sich die Karten jedoch gut merken können, hier ein kleiner Tipp: Nachdem Sie einigermaßen wissen, welche Karte welche Bedeutung hat, können Sie sich selbst testen, indem Sie immer wieder eine Karte aus dem Stapel ziehen, umdrehen und die Bedeutung der Karte benennen. Wenn Sie dann trotzdem noch mal ab und zu nachschlagen müssen, ist dies mit Sicherheit kein Problem. Doch bitte, damit Sie sich auf die eigentliche Arbeit mit den Karten konzentrieren können, ist es einfach wichtig, die Karten so gut, wie es eben geht, zu kennen. Fangen wir nun mit den Legemethoden an.

Die einfachste Form ist die, dass Sie die Karten ausfächern und dann nach Belieben eine Karte ziehen, um gezielt Fragen stellen zu können. Jedoch ist die Fragestellung hierbei besonders wichtig. Denken Sie daran: Je genauer Sie fragen, desto präziser werden Sie eine Antwort erhalten. Beispielsweise nützt es Ihnen wenig, wenn Sie fragen:

- Wann wird mein Traumpartner kommen?

Einen Zeitraum festzulegen, ist immer schwierig und findet selten eine klare Beantwortung.

- Wie wird der Traumpartner sein?

Auch diese Frage wird nicht einfach zu beantworten sein, da die Karten höchstens Charaktereigenschaften und Stärken preisgeben können, mehr jedoch nicht.

Sie sehen, wie wichtig es ist, genau und überlegt zu fragen. Doch egal was wir wissen wollen, es ist immer besonders wichtig, dass wir uns so wenig wie möglich emotional betroffen fühlen, sonst haben wir keine Chance, eine wahrheitsgemäße Aussage zu erhalten. Je mehr wir uns eine Aussage wünschen, desto eher werden wir ein gemischtes und somit unklares Bild erhalten. Das Beste ist, wenn uns das Ergebnis fast egal wäre, dann könnte kommen, was wolle, wir würden es einfach annehmen und darüber nachdenken.

Kartenlegen hat im Grunde genommen wenig mit der im üblichen Sinne dargestellten Wahrsagerei zu tun, obwohl wir sehr wohl mit den Karten den Weg der Wahrheitsfindung beschreiten wollen. Natürlich können wir anhand der Karten die Gegenwart, die Zukunft und auch die Vergangenheit erkennen. Doch das Wichtigste ist, dass wir analysieren, warum wir mit der einen oder anderen Sache konfrontiert werden. Je mehr wir also an uns selbst glauben, desto einfacher werden wir uns mit der Analyse-Aussage der Karten anfreunden können. Die Karten sind somit ein Wegweiser, um uns das aufzuzeigen, was wir sowieso schon tief in uns wissen. Sie werden uns auf vergangene, kommende und auch noch gegenwärtige Themen hinweisen. Das ist die dahinter liegende Aufgabe. Anhand der Gegenwart und der Vergangenheit können wir sehr leicht die zukünftige Tendenz – Stand jetzt – erkennen. Doch was nützt es uns zu wissen, dass wir in der Zukunft etwas Unangenehmes zu erwarten haben? Es macht uns eher Angst und wird die Prognose noch mehr verstärken, da sie nun noch intensiver auf die Lebenssituation einwirkt. Wir sollten jedoch jede Zukunftsprognose dahingehend nutzen, dass wir erkennen können, welchen Weg wir beschreiten werden, wenn wir uns weiterhin so verhalten wie bisher. Wir sind immer und jederzeit handlungsfähig – nur ist uns das in den meisten Fällen nicht bewusst. Damit wir wieder lernen, selbst zu handeln, sind die Karten ein idealer Wegweiser, der uns wiederum zeigt, worum es eigentlich geht – also das Thema hinter dem Thema aufdeckt. Je klarer wir erkennen können, welche Energieblockaden wir in uns tragen, desto mehr werden wir uns wieder bewusst befreien können.

Das größte Problem der meisten Menschen ist, wenn sie sich in einer Situation hilflos ausgeliefert fühlen. Solange wir das Gefühl haben, nichts tun zu können, sind wir auch ausgeliefert. Sollten wir beispielsweise darauf warten, dass der Partner als Befreier unseres inneren Gefängnisses auftaucht, um endlich unsere Gefängnistür zu öffnen, werden wir wohl kaum eine Chance haben, jemals unser inneres Gefängnis zu verlassen. Wie viele Menschen denken, dass der Partner oder eine andere Person ihr Verhalten ändern müsse, damit es ihnen wieder besser gehen kann. Der Blick ist auf den anderen gerichtet, nicht auf sich selbst. Somit können wir keine Lösung herbeiführen. Wenn diese Person beispielsweise in einer Sitzung begreifen würde, dass sie allein handlungsfähig ist, dass nur sie allein den Schlüssel für ihr inneres Gefängnis in den Händen hält, dann kann sie ihr Schicksal sofort verändern. Die Wolken werden vorbeiziehen, und der Ratsuchende sieht wieder einen klaren Himmel und eine Sonne, die ihm ins Gesicht scheinen wird. Das ist der Augenblick, in dem sich die mühevolle Arbeit, den Umgang mit den Karten zu erlernen, gelohnt hat. Und das ist meines Erachtens auch der wahrhaftige Weg, den die Kunst der Wahrsagerei mit sich bringt. Kein Mensch auf der Welt kann wirklich damit umgehen, wenn ihm irgendeiner seinen Tod oder den Tod einer nahe stehenden Person weissagt. Doch zu wissen, wie ich mich ändern kann, wie sich diese oder jene Lebenssituation ändern lässt, wie ich zukünftig damit umgehen kann, warum mein Partner in mir den Prellbock sieht, warum meine Mutter mich so behandelt oder warum die Kollegin mich meidet. Das zu wissen und an den Situationen im Inneren etwas ändern zu können, das ist die wahre Form der Magie – die Umwandlung der Energien und somit der eigene Befreiungsweg.

Wenn wir das lernen, werden wir wissen, wie wir uns verhalten und wie wir energetische Verbindungen lösen können. Wir werden die anderen und uns selbst verstehen lernen, und das ist eine wahrhaftige Analyse.

Wenn wir nun mit dem Kartenlegen beginnen wollen, sollten wir vorher ein paar Punkte beachten. Hier ein paar Tipps: Der Ort ist wichtig. Die Atmosphäre sollte gut sein, keiner sollte sich gestört fühlen. Gut durchlüftete Räume benutzen – Sie brauchen frische Luft, damit Sie sich konzentrieren können. Schalten Sie als Kartenleger Ihre eigenen, persönlichen Gedanken ab, und konzentrieren Sie sich nur auf den Platz, an dem Sie sitzen. Lassen Sie Ihren Blick schweifen; ist alles in Ordnung? Dann nehmen Sie Ihre Karten, mischen diese und fächern sie vor sich auf den Tisch aus. Konzentrieren Sie sich, stellen Sie eine Frage und ziehen Sie eine Karte. Wenn die Karten für eine andere Person gelegt werden sollen, dann können Sie selbst oder aber auch die andere Person die Karten ziehen, ganz wie es Ihnen beliebt.

Sie übernehmen die Position des Kartenlegers, also sollten Sie bestimmen, wie Sie es haben wollen.

Legen Sie die gezogene Karte mit dem Gesicht/Bild nach oben auf den Tisch. Analysieren Sie sie, versuchen Sie so klar wie möglich zu sein. Lassen Sie sich auf diese Karte ein, fühlen Sie hinein. Sagt Ihnen die Karte etwas? Gibt Sie Ihnen eine Antwort? Nicht deutlich genug? Dann fragen Sie weiter und ziehen die nächste, deuten diese wieder, immer weiter und weiter, bis Sie eine klare Anwort erhalten. Lassen Sie sich Zeit, überdenken Sie jede Karte, damit Ihnen auch nichts entgeht. Seien Sie niemals hektisch oder zu schnell, bleiben Sie sich selbst treu und ehrlich. Bemogeln Sie sich selbst nicht. Sie wissen, die Karten sind „nur" der Wegweiser, um Ihnen Ihre Energieverbindungen aufzuzeigen, also nutzen Sie die „Worte" der Karten. Schreiben Sie die Ergebnisse auf, so können Sie jederzeit darüber nachdenken. Ich bin mir sicher, dass auch Sie bei ernsthafter Legung Erfolg haben werden.

Es sind keine Grenzen gesetzt. Sie können fragen, was Sie wollen. Damit Sie jedoch eine kleine Anleitung dazu bekommen, gebe ich Ihnen hier ein paar Fragebeispiele mit frei erfundenen Antworten vor:

- Sie möchten sich gerne ein Haus kaufen. Eine wichtige Entscheidung, bei der alles stimmen muss. Sie schauen sich um und finden ein Objekt, das Ihnen gefällt. Nun wollen Sie die Karten dazu befragen, um einen anderen Einblick in den Hauskauf zu gewinnen. Da es sich hierbei um kein leichtes Thema handelt, sollten Sie sich auf jeden Fall beim Kartenziehen Zeit nehmen und am Besten noch eine andere Person dazu bitten, die Ihnen unterstützend hilft.

- Für die erste Frage ziehen Sie bitte immer und grundsätzlich eine Karte auf Ihre Person. Sie ziehen beispielsweise: Die Pik-Acht/die Schnelligkeit, das bedeutet, dass Sie momentan sehr schnell mit vielen verschiedenen Sachen konfrontiert werden und dass Sie auch schnell handeln müssen.

- Die nächste Karte: Wie ist es für mich, wenn ich ein Haus bis zu einer maximal Summe von DM 500.000,— kaufe? Antwort: Karo-Acht/der kleine Erfolg, das bedeutet, es wird für Sie kein herausragender Erfolg sein, jedoch erfolgreich genug, dass Sie ein Haus kaufen können. Sie müssen also nicht unbedingt jetzt eins kaufen, doch wenn Sie wollen, dann ist es auch in Ordnung.

- Die nächste Karte bezieht sich direkt auf das Haus, dass Sie gesehen haben. Eine Karte als Aussagekarte allgemein auf das Haus: Die Herz-Acht/die Geselligkeit, das heißt, ein Haus mit viel Bewegung und vielen Menschen. Es braucht Menschen, damit es sich wohl fühlt. Auch ein Haus hat grundsätzlich eigene Energien, einerseits durch den Platz, an dem es steht, andererseits von den Materialien (Holz besonders) ausgehend, die zum Bau benutzt wurden; und natürlich auch von den Bewohnern, die dort leben oder gelebt haben. Wenn wir eine Karte auf ein gebrauchtes Haus ziehen, erfahren wir zuallererst, in welchem energetischen Zustand sich das Haus zum jetzigen Zeitpunkt befindet.

- Die nächste Karte ist für den baulichen Zustand des Hauses gedacht. In welcher gesundheitlichen Konstellation befindet sich das Haus: Pik-Zehn/der Umzug, das bedeutet, es müssen radikal Substanzen/Gegenstände ausgewechselt werden. Der innere Prozess der Mängel ist schon abgeschlossen, doch die äußere Wandlung ist notwendig. Somit haben wir auf jeden Fall bei diesem Objekt Sanierungsarbeiten auszuführen.

- Die nächste Karte: Wir gehen auf den vorherigen Fall ein und erinnern uns fiktiv an ein Gespräch mit dem Eigentümer über den

Dachstuhl, der erneuert werden muss. Wir ziehen eine Karte auf den Gesundheitszustand des Dachstuhls: Kreuz-Acht/die Krankheit, das heißt, der Dachstuhl ist krank und marode und bedarf dringend einer Behandlung/Veränderung. Somit wissen wir nun auch über die Karten, dass dieses Haus einen neuen Dachstuhl braucht.

- Wir fragen weiter nach dem Gesundheitszustand des Hauses. Ist außer dem Dachstuhl das Haus gesund? Kreuz-König/der Vampir, das heißt, wir haben äußerlich sichtbare Spuren, die das Haus auch nicht schöner werden lassen. Da es sich um Kreuz handelt, müssen wir der Sache näher auf den Grund gehen.

- Was sind das für Mängel? Karte: Kreuz-Zehn/das Erdbeben, das heißt, hierbei handelt es sich um eine grundlegende Unordnung, das Haus wurde zu wenig gepflegt. Ein Haus, um das sich zu wenig gekümmert wurde, beinhaltet Schönheitsmängel, die einiges kosten können, wenn man sie im Nachhinein beheben möchte und auch muss.

- Wir fragen weiter: Handelt es sich dabei um viele Mängel? Karte: Pik-Neun/die Geduld, das heißt, langfristig gesehen werden wir wohl das eine oder andere wahrnehmen. Da das Haus älter ist, könnte man diese Aussage als normal betrachten.

- Die nächste Karte: Lohnt es sich, dieses Haus zu einem Verkaufspreis von DM 370.000,— zu erwerben? Karte: Karo-Sieben/großer Erfolg, das heißt, das Preis-Leistungs-Verhältnis wird sich auf jeden Fall positiver auswirken, als wir jetzt denken. Das würde bedeuten, dass dieses Haus später einen viel höheren Wert erreichen wird.

- Die nächste Karte: Würden wir uns als Familie dort wohl fühlen können? Karte: Herz-Sieben/das Spiegelbild, das heißt eine absolute Bestätigung, doch muss diese Familie das Haus lieben. Dieses Haus braucht liebevolle Energien/Pflege von den Personen, die darin wohnen.

- Nächste Karte: Sollen wir das Haus kaufen? Karte: Herz-Ass/das Heim, ein eindeutiges Ja. Das Haus ist das Haus der Familie, mehr Bestätigung gibt es nicht.

Die letzte Frage bezieht sich natürlich nicht darauf, dass wir uns von den Karten abhängig machen wollen, doch können wir zusätzlich die Deutungen der Karten für unsere Projekte zu Rate ziehen, um eventuelle Eckpunkte energetisch abzuklopfen. Das Haus wurde erstmals neutral als Gegenstand befragt, dabei stellten sich die wahrhaftigen Mängel heraus. Danach wurde das Preis-/Leistungsprinzip analysiert, und erst danach wurde nach der gemeinsamen Verbindung und auch der Zukunft gefragt. Natürlich wird der zukünftige Hauskäufer alle diese Punkte noch einmal gründlich unter die Lupe nehmen müssen. Wir brauchen Übung, bis wir dem Hilfsmittel Karten wirklich vertrauen können. Doch je mehr wir uns selbst glauben, desto eher werden wir eine positive Entscheidung treffen können. Und positiv wird unsere Entscheidung für uns immer sein, denn wir können erkennen, was unsere dahinter liegende Motivation ist. Sie sehen auch anhand des fiktiven Beispiels, dass wir immer, egal was wir befragen wollen, den Ist-Zustand ergreifen müssen. Nur vom Jetzt ausgehend können wir das Morgen erkennen. Doch nun nehmen wir ein weiteres Beispiel und beschäftigen uns noch einmal mit einem Hauskauf. Die Grundvoraussetzungen sind gleich, doch das Haus ist anders.

- Wie ziehen zuerst wieder eine Karte auf die Person. Karte: Kreuz-Neun/die Transformation, das heißt der Verlust. Somit muss die

Person jetzt schon Acht geben, denn sie befindet sich in einer Verlustsituation.

- Karte, ob ein Hauskauf zum jetzigen Zeitpunkt bis DM 500.000,- richtig ist? Karte: Herz-Neun/der gefallene Engel, das heißt ja, aber nur, wenn zu dem Haus ein wirklich tiefer Verbund besteht.

- Frage auf das Haus, das die Person besichtigt hat. Eine Karte auf die Grundenergie des Hauses: Kreuz-Sieben/die Tränen, das heißt, Altlasten, Trauer und Tränen lasten auf dem Objekt. Die Menschen in dem Haus können nicht glücklich sein, da zu viele belastende Energien auf dem Haus lasten. Kleiner Tipp: Dies kann auch auf die Bodenkonstellation/Erdstrahlen zurückzuführen sein.

- Frage: Passt das Haus zu uns, sollen wir es kaufen? Karte: Kreuz-Acht/die Krankheit, das heißt eindeutig nein. Das Haus kränkelt, und die Personen darin würden genauso kränkeln. So ein Leid muss man sich nicht auch noch erwerben, oder?

Sie sehen, wir haben hier noch nicht einmal nach dem Gesundheitszustand des Hauses gefragt. Das hat sich erübrigt. Die erste Karte des Fragenden war schon belastet. Das muss jedoch bei weitem nicht heißen, dass die Person belastet ist. Nein, hierbei geht es nur darum, dass die Person bezogen auf das Haus einen Verlust erleiden würde. Auch wenn ein Haus - ausgehend von der Bausubstanz - in Ordnung ist, so steht es doch immerhin für unser Zuhause, dementsprechend müssen auch die Energien sein.

Egal was wir befragen wollen, wir müssen immer darauf achten, wie gut eine Sache oder Situation zu uns passt. Nehmen wir dazu ein anderes Beispiel: Eine Familie mit zwei Kindern — Nadine und Jan — wollen sich einen Hund zulegen. Die Mutter und die Kinder möchten gerne, der Vater ist sich noch nicht sicher. Und trotzdem: Man hat sich auf die Suche gemacht und auch ein passendes Tier gefunden. Nun stellt sich die Frage, ob dieser Hund wirklich in diese Familie hineinpasst und wie die Familie dauerhaft gesehen damit umgehen wird.

- Die erste Frage: Eine Karte auf die gesamte Familie, als Grundaussage. Karte: Herz-Acht/die Geselligkeit, das heißt, die Familie liebt die lockere, leichte, herzliche Art, ist jedoch ständig unterwegs und erhält auch viel Besuch. Auf jeden Fall stehen sie mit vielen Menschen in Kontakt.

- Frage: Wie ist es dauerhaft gesehen für die Familie, wenn sie sich einen Hund zulegen? Karte: Pik-Neun/die Geduld, das heißt über einen langen Zeitraum. Somit bekommen wir hier kein direktes Ja oder Nein, sondern eher die Aussage, dass dies über einen langen Zeitraum Gültigkeit hat; also werden sie einen Hund, wenn sie sich einen anschaffen, auch lange bei sich in der Familie leben lassen.

- Frage: Der Hund, den die Familie gesehen hat, wie ist er? Karte: Karo-Bube/das Füllhorn, das heißt ein sehr glückliches und aufgeschlossenes Tier. Hier stellt sich nicht mehr die Frage, ob dieses Tier charakterlich auch absolut in Ordnung ist.

- Doch wir stellen eine weitere Frage: Passt der Hund zu der Familie? Karte: Herz-Zehn/die Ringe, das heißt ja, wenn er richtig integriert wird. Also muss er sich - wie verheiratet - eingebunden fühlen, dann ist er für diese Familie absolut passend.

Den Ausgang brauchen wir jetzt nicht mehr zu schildern. Wir könnten jetzt noch die Haltung der einzelnen Personen zu diesem Thema abfragen, doch würde dies auch zu keiner anderen Lösung führen. Ich würde der Familie raten, sich den Hund noch einmal anzusehen, und wenn das Gefühl dann stimmt, ist doch alles in Ordnung.

Nehmen wir ein weiteres Thema. Der Autokauf: Eine Person möchte sich ein Auto kaufen und hat auch schon eins in Aussicht. Nun sollen dazu die Karten befragt werden:

- Zuerst eine Karte auf die Person. Karte: Karo-Neun/das Geschenk, das heißt, diese Person soll das Leben als Geschenk betrachten, dann wird ihr auch alles, was sie anpackt, gelingen.

- Dann eine Karte auf den Autokauf. Ist es für diese Person ratsam, sich zum jetzigen Zeitpunkt ein neues Auto zu kaufen? Karte: Pik-Zehn/der Umzug, das heißt der Wandel, Wechsel. Diese Person würde somit endlich etwas manifestieren/materialisieren, was sie sich schon lange sehnlichst gewünscht hat.

- Eine Karte auf ein bestimmtes Auto. Die Person soll sich dabei nur auf das Auto konzentrieren, auf mehr nicht. Karte: Kreuz-Sieben/die Tränen, das heißt, das Auto ist energetisch belastet und müsste somit Altlasten abbauen. Das könnte in diesem Fall bedeuten, dass das Auto nicht genug gepflegt wurde und es deshalb versteckte Mängel beinhaltet.

- Passt das Auto zu der Person? Karte: Kreuz-Neun/die Transformation, das heißt nein, der Verlust. Also am besten die Finger davon lassen und weitersuchen, das ist die Aufgabe.

Sie sehen, egal was wir durchleuchten wollen, wir können es einfach tun. Wir bekommen immer eine Aussage, vorausgesetzt, wir nehmen die Thematik ernst. Doch bitte auch nicht zu ernst, denn dann würde es wiederum auch nicht passen können.

Die Fragestellungen

Doch egal was wir fragen wollen, es kommt immer auf die richtige Fragestellung an. Wenn wir uns also emotional betroffen fühlen, und das wird natürlich häufiger der Fall sein, müssen wir mit unseren Deutungen etwas vorsichtig umgehen. Wir sind in einem solchen Fall nicht mehr neutral, und das kann ohne weiteres zur Folge haben, dass wir uns eine Aussage eher zurechtdichten, als real die Karten zu deuten. Das ist menschlich. Die meisten können mit der auf sie zukommenden Wahrheit nicht so einfach, leicht und locker umgehen. Deshalb müssen wir lernen, viel mehr auf uns selbst zu achten und genau hinzusehen. Wenn wir wissen, welche Thematik wir zum jetzigen Zeitpunkt zu bearbeiten haben, dann können wir mit der gelebten Situation ganz anders umgehen. Das gilt auch ganz besonders für Erlebnisse, die zwar hinter uns liegen, durch die wir uns jedoch noch emotional unangenehm berührt fühlen. Hierbei handelt es sich zumeist um Begebenheiten, durch die wir etwas lernen mussten, was wir jedoch bisher noch nicht verstanden haben. Die Karten können uns dabei helfen, vergangene Dinge verstehen zu lernen. Je mehr wir also real über uns wissen wollen, desto eher haben wir die Chance, die wahrhaftigen Antworten auch zu finden. Nun beschäftigen wir uns noch intensiver mit dem Thema der richtigen Fragestellung. Nur wenn ich die richtige Frage stelle, kann ich eine passende Antwort erhalten.

Wir wollen ein Haus kaufen und können dazu folgende Fragen stellen:
- Wie wäre es für mich, wenn ich mir ein Haus kaufe?
- Ist jetzt der richtige Zeitpunkt dafür?
- Kann ich mir einen Hauskauf leisten?
- In welchem finanziellen Rahmen darf sich der Kauf bewegen? Fragen Sie hierzu verschiedene Beträge ab!
- Bekomme ich das Geld von der Bank, um das Haus finanzieren zu

können?
- Finde ich ein passendes Haus?
- Bin ich emotional für einen Hauskauf geöffnet?

Kleiner Tipp: Wenn Sie mehrere Karten schon genutzt und gedeutet haben und immer noch nicht klar genug sind, dann legen Sie die Karten wieder in den Stapel, mischen neu und fächern erneut aus. Das heißt jedoch nicht, dass Sie endlos die Karten immer wieder auf dasselbe Thema befragen sollten, sondern lediglich, dass Sie Zusatzfragen stellen können. Je mehr Klarheit, desto besser.

Weitere Fragen nach einem bestimmten Haus. Stellen Sie sich dafür das Haus genau und so neutral wie möglich vor:
- In welchem Zustand befindet sich das Haus in der Straße........?
- Welche Grundenergie hat das Haus?
- Passt das Haus zu mir?
- Wie würde ich mich in dem Haus fühlen, wenn ich dort wohnen würde?
- Lohnt es sich für mich das Haus zu kaufen?
- Wenn nein, warum?
- Finde ich noch ein besseres Objekt?
- Bin ich auf dem richtigen Weg?
- Gibt es für mich in dem Haus/der Straße........ noch etwas wichtiges zu sehen?
- Was kann ich dort noch sehen?
- Werde ich dieses Jahr noch in mein Haus einziehen können?
- Wie wird mein Partner sich in diesem Haus fühlen?
- Wie werden die Kinder sich in diesem Haus fühlen?

Sie können auf diesen Bereich immer weitere Fragen stellen - so lange, bis Sie eine klare Deutung haben. Denken Sie bitte immer daran: Nicht die Karten sagen Ihnen die Wahrheit, sondern Sie fragen Ihr inneres Ich ab. Somit sollten Sie nach Möglichkeit über die Aussagen nachdenken. Es gibt immer einen Funken Wahrheit in jeder Aussage. Doch bringen Sie Ihr Leben niemals in Abhängigkeit zu den Karten, das wäre ein fataler Fehler. Menschen, die sich zu sehr auf die Karten verlassen, verlieren den Zugang zu ihrer eigenen Intuition, und das darf nicht sein. Deshalb ist es so besonders wichtig, darauf zu achten, dass dies nicht passiert.

Doch nun zu einer anderen Fragereihe. Wir nehmen ein Beispiel aus der Firma. Zwei Kollegen streiten miteinander, die eine heißt Petra und die andere Brigitte. Um herauszubekommen, um was es letztlich in dem energetischen Streit geht, nutzen wir wieder die Karten. In unserem Fall lässt sich Petra anhand der Karten beraten, und da es hierbei um eine Personenabfrage geht, ziehen wir - wie immer - zuerst eine Karte auf die Person, die sich einen Rat einholen möchte. Wir stellen folgende Fragen:

- Eine Karte für Petra: Auf welchem Weg befindet sie sich?
- Wie fühlt Petra sich auf ihrer Arbeitsstelle?
- Macht sie die Arbeit gerne?
- Was könnte für sie anders sein?
- Wie kommt sie im Allgemeinen mit ihren Kollegen zurecht?
- Wie sieht sie die Kollegin Brigitte?
- Was stört sie an Brigitte?
- Was möchte sie gerne von Brigitte?

  Karten neu mischen!
- Was stört Brigitte an Petra?
- Was möchte Brigitte von Petra?
- Was kann Petra tun, um diesen Streit zu beenden?
- Wird bald wieder Frieden einkehren? (Stand jetzt)

134

Somit können wir erkennen, was die Personen voneinander erwarten. Darüber erfahren wir Klärungen, die uns weiterhelfen, die Situation besser zu verstehen. Die Zukunft wird immer mit dem Hinweis „Stand jetzt" abgefragt, da wir nur von dem jetzigen Ist-Zustand ausgehen können. Dabei soll gerade Kartenlegen eine Hilfe darstellen, damit wir die Situationen verstehen lernen und uns somit wandeln können. Erst wenn wir das verstanden haben, dann können wir viel einfacher mit bestimmten Lebenssituationen umgehen.

Gehen wir davon aus, dass Petra mit all dem nicht zufrieden ist und nun ernsthaft überlegt, die Arbeitsstelle zu wechseln. Dazu können wir die folgenden Fragen stellen:

- Sollte Petra den Arbeitsplatz wechseln?
- Würde sie sich danach besser fühlen?
- Wäre ein Wechsel für sie sinnvoll?
- Lohnt sich dieser Aufwand dauerhaft betrachtet?
- Wird sie eine neue Arbeitsstelle finden können?
- Muss sie sich darum intensiv bemühen, oder kommt die Arbeit einfach auf sie zu?
- Wird sie auf der neuen Arbeit mit ähnlichen Kollegenthemen, wie auf der alten Stelle, konfrontiert werden?
- Was muss sie aus dieser Situation lernen?

Nun kommen wir zu einem anderen Personenkreis, zum Thema Eltern. Wir haben zu den Eltern einen besonderen Verbund, da sie uns von klein auf kennen. Oftmals übernehmen wir so genannte Übertragungsmuster und leben das nach, was die Eltern uns vorgelebt haben. Sind wir dann selbst erwachsen, werden wir uns instinktiv gegen diese Muster stellen. Begegnen wir jedoch den Eltern, fällt uns dieses Muster zumeist wieder auf. Um die hinter der Verbindung liegenden Themen erkennen zu können, können wir uns folgende Fragen stellen:

- Was verbinde ich innerlich, emotional mit meinen Eltern?
- Wie fühle ich mich, wenn ich ihnen gegenübersitze?
- Fühle ich mich zu meiner Mutter hingezogen?
- Was erwarte ich von meiner Mutter?
- Was erwartet sie von mir?
- Wie ist die momentane Situation?
- Um welches innere Thema handelt es sich hier bei mir?
- Um welches innere Thema handelt es sich hier bei ihr?
- Was kann ich tun, damit die Verbindung zwischen uns einfacher wird?
- Fühle ich mich zu meinem Vater hingezogen?
  Schließen Sie bei Bedarf dieselben Fragen wie bei der Mutter an.

Thema Geschwister: Auch hierbei geht es wieder um Kindheitsübertragungsmuster, immerhin leben Geschwister in einem bestimmten Rollenverhalten zueinander, was sie zumeist im Erwachsenenalter nicht so schnell ablegen können. Oftmals taucht diese Verhaltensstruktur in Begegnungen auf, so dass die Personen sich durch den Kontakt emotional berührt fühlen. Auch hier können die folgenden Fragen ein wenig Klärungshilfe geben:

- Was erwarte ich von meiner Schwester/meinem Bruder?
- Was erwartet diese Person von mir?
- Wie kann ich dieser Person begegnen?
- Wie kann ich das momentane Problem lösen?
- Was würde ich mir von meiner Schwester/meinem Bruder wünschen?

Ein absolut wichtiger Mensch in unserem Leben ist der Partner. Der Partner ist der direkteste Spiegel, den wir uns vorstellen können. Je klarer wir die energetischen Übertragungen unseres Partners wahrnehmen können, desto einfacher können wir uns von diesen Mustern wieder lösen und endlich das leben, nach dem wir uns alle sehnen – eine harmonisch erfüllte Partnerschaft, die uns in Glück zerfließen lässt. Auch hierzu ein paar Fragen:

- Wie sehe ich meinen Partner?
- Was gefällt mir besonders an ihm/ihr?
- Was mag ich nicht an ihm/ihr?
- Was würde ich gerne anders haben?
- Was nervt mich regelrecht, wenn er/sie sich so verhält?
- Was stört mich an mir selbst?
- Was würde ich gerne in Bezug auf Partnerschaft leben?
- Möchte ich verheiratet sein?
- Was denkt mein Partner über mich?
- Was stört ihn/sie an meiner Person?
- Was sind unsere gemeinsamen Problemthemen?
- Was können wir tun, um aus Konfliktsituationen herauszugehen? Was kann ich persönlich tun?
- Was kann er/sie tun?
- Was hat unsere Beziehung, Stand jetzt, für eine Zukunft?
- Was könnten wir ändern, damit es uns -partnerschaftlich gesehen- besser geht?
- Wie kann unser gemeinsames Leben verlaufen?
- Was muss ich aus der Beziehung lernen?
- Was muss er/sie aus der Beziehung lernen?

Nehmen wir eine gegenwärtige oder vergangene Streitsituation:
- Was war das Thema des Streits?
- Was wollte ich von ihm/ihr?
- Was wollte er/sie von mir?
- Was ist dabei mein persönliches Problem?
- Was ist sein/ihr persönliches Problem?
- Was können wir tun, um solche Auseinandersetzungen zukünftig zu unterbinden?

Wie sieht es aus, wenn wir die Beziehung noch weiter stabilisieren und uns noch mehr verbinden, vielleicht sogar heiraten - spirituell, energetisch und auch äußerlich?

- Wie sieht das Thema Ehe für uns aus?
- Was müssten wir dabei beachten?
- Was könnten wir tun, um dauerhaft miteinander glücklich zu sein?
- Wie sieht eine gemeinsame Wohnung für uns aus?
- Was ist mit dem Thema Kinder, passt dies zu uns?
- Was können wir tun, um miteinander noch glücklicher zu werden?

Sie sehen, den Fragen sind keine Grenzen gesetzt, also seien Sie kreativ und fragen, was Sie brauchen. Bei Freunden können wir ähnlich fragen:

- Was habe ich mit ihr/ihm zu tun?
- Wie ist unsere Freundschaft?
- Stand jetzt: Wie wird es zukünftig weitergehen?
- Was für Probleme können sich bilden?
- Was wäre mein Problem?
- Was wäre ihr/sein Problem?
  etc.

So, nun haben Sie genug Fragemöglichkeiten erhalten. Wir widmen uns nun anderen Legemethoden. Ich stelle Ihnen nachfolgend das altbekannte keltische Kreuz vor, nach dem Sie sehr einfach und ohne Fragen klare und transparente Antworten erhalten werden.

Legemethoden

Das keltische Kreuz: Wir mischen die Karten und legen sie mit dem Bild nach unten ausgefächert auf den Tisch. Nun ziehen wir gemäß der Graphik die Karten und legen Sie immer noch mit der Bildfläche nach unten vor uns auf den Tisch. Die Karten werden wie folgt gezogen:

- Karte 1 – das Problem
- Karte 2 – die genauere Erklärung/die Ursubstanz für das Problem/ alles, was ich mit Füßen trete
- Karte 3 – die Vergangenheit
- Karte 4 – die Gegenwart
- Karte 5 – die Zukunft
- Karte 6 – die weiterführende Zukunft (Stand jetzt)
- Karte 7 – was wird sich dauerhaft aus der Situation entwickeln (Stand jetzt)

Haben Sie alle Karten gezogen, dann decken Sie diese nun auf und zwar wieder in der aufgeführten Reihenfolge. Wir nehmen ein fiktives Beispiel einer Ratsuchenden:

- Karte 1 – die Geliebte
- Karte 2 – die Tränen
- Karte 3 – die Spinne
- Karte 4 – die Ringe
- Karte 5 – die Transformation
- Karte 6 – das Heim
- Karte 7 – die Ernte

Wir definieren nun einmal die Karten und kommen zu folgender Lösung: Das Problem „die Geliebte" ist die Person selbst - das heißt, tief im Inneren lehnt sie sich selbst ab. Diese Ablehnung hat mit einer alten Trauer „die Tränen" zu tun, die sie bisher noch nicht überwunden hat. „Die Spinne" in der Vergangenheit wird ihr Übriges dazu beigetragen haben. Somit lehnt diese Person einen Teil in sich ab, der sich immer wieder negativ verbinden will. In der Gegenwart stehen nun „die Ringe" und zeigen eine Art Hochzeit – der Teilpersönlichkeiten – an. Es sieht so aus, dass die Ratsuchende sich sehr um die Auflösung des Problems kümmert. Immerhin steht in der Zukunft „die Transformation" und somit der direkte Hinweis der Wandlung. Die weitere Zukunft bringt durch „das Heim" die innere Ruhe und wird ihr voraussichtlich auch die lang ersehnte „Ernte" einholen.

Sie sehen, diese Legung ist noch sehr einfach zu deuten. Doch nehmen wir ein weiteres Beispiel dazu, und diesmal ist unsere Beispielsperson ein Mann:

- Karte 1 – das Spiegelbild
- Karte 2 – der Geldbaum
- Karte 3 – die Ernte
- Karte 4 – der Umzug
- Karte 5 – die Trauerweide
- Karte 6 – der kleine Erfolg
- Karte 7 – der große Sieg

Diese Person hat ein großes Problem mit der eigenen Wertstellung und somit mit der Eigenliebe, was die Karte „das Spiegelbild" als Problem eindeutig anzeigt. „Der Geldbaum" zeigt, dass er den Blick für sich selbst verloren hat und eindeutig gegen sich selbst lebt. „Die Ernte" in der Vergangenheit weist ihn darauf hin, dass er früher wohl erfolgreich, jedoch angezeigt durch die Problemkarte, mit sich selbst nicht glücklich war. Die Gegenwart „der Umzug" erwartet nun von ihm, dass er sich von alten Strukturen löst, um zu neuen Ufern zu gelangen. „Die Trauerweide" in der Zukunft wird ihm zusätzlich bescheinigen, dass sein Weg nicht einfach sein wird und dass er sich von einigen Prinzipien lösen muss. Auch zeigt ihm dies an, dass der nun zu beschreitende Weg längst überfällig ist. Im Grunde genommen hat er schon zu lange gewartet. Die nahe Zukunft „der kleine Erfolg" zeigt ihm zudem, dass es noch lange dauern wird, bis er seine Themen überwunden hat; doch dann kommt „der große Sieg", und er wird für all den Energie- und Lerneinsatz gebührend belohnt.

Aufgrund der letzten Karte, die eine absolut positive Aussage beinhaltet, können wir jetzt schon davon ausgehen, dass der Ratsuchende sich ein Herz fasst und endlich seinen inneren Kummerschmerz aufräumt.

Noch ein Beispiel – wieder eine Frau. Folgende Karten werden gezogen:

- Karte 1 – das Heim
- Karte 2 – der gute Freund
- Karte 3 – das Erdbeben
- Karte 4 – der Vampir
- Karte 5 – die Geliebte
- Karte 6 – der Geldbaum
- Karte 7 – der Vertrag

Das Problem dieser Person liegt in der Häuslichkeit, was die Karte „das Heim" beschreibt. Sie macht sich einfach zu viele Gedanken um ihr Zuhause. Ein jugendlicher Mann, eventuell ihr Sohn, bereitet ihr Kummer und wird von ihr erwarten, dass sie sich weiterhin um ihn kümmert und verantwortungsvoll sorgt. „Das Erdbeben" aus der Vergangenheit wird ihr schon des öfteren gezeigt haben, dass dies wohl so sein muss, und so spürt sie schon im Ansatz, wenn wieder eine Forderung an sie gestellt wird. „Der Vampir" in der Gegenwart zeigt ihr nur allzu deutlich, dass sie energetisch ausgesaugt wird und nun auch meint, dieses leben zu müssen. Doch die Zukunft weist sie mit „der Geliebten" auf einen Selbstfindungsprozess hin. Somit muss sie sich endlich nach ihren eigenen Bedürfnissen richten und nicht mehr nach der Pfeife der anderen tanzen. „Der Geldbaum" verspricht ihr für die Zukunft Sicherheit und Stabilität. Doch inwieweit sie auf ihrem Pfad bleibt, das steht zum Legezeitpunkt noch in den Sternen. Immerhin müsste sie einen „inneren Vertrag" unterzeichnen, damit sie zukünftig ihrem eingeschlagenen Weg auch treu bleibt.

Sie sehen selbst, wie einfach und doch aussagekräftig diese Legemethode ist. Probieren Sie es aus, und Sie werden einfach begeistert sein. Nun noch zu einer ähnlichen, aber einfacheren Methode.

Das einfache Kreuz

Wir können immer mit fünf Karten arbeiten und einfache Analysen fahren. Das heißt, wir nehmen die Problemkarte und legen vier weitere dazu. Wir legen die Problemkarte offen auf den Tisch und ziehen die Karten in der folgenden Reihenfolge:

Karte 1 – betrifft alles das, was ich mit Füßen trete und somit nicht wahrhaben will. Dieser Aspekt ist besonders wichtig, wenn wir etwas nicht sehen wollen, denn dann vermeiden wir jeglichen Blick und lehnen uns wie auch das Lernthema innerlich komplett ab.

Karte 2 – die Vergangenheit. Auch sie ist besonders wichtig, immerhin handelt es sich hierbei um die Wurzeln allen Übels. Erst wenn wir erkennen, was uns zu diesem Problem geführt hat, können wir es leicht und locker wieder auflösen.

Karte 3 – die Gegenwart. Wir erkennen momentan, was wir tun können, damit wir an dieses Problem herangehen. Solange wir unsere eigenen Probleme nicht sehen wollen, manifestieren sich diese auf der äußeren Ebene, um bei uns innerlich Gehör zu finden.

Karte 4 – die Zukunft. Anhand dieser Karte können wir die derzeitige Tendenz wahrnehmen und genau erkennen, was sich zukünftig daraus entwickeln wird. Je klarer wir die kommenden Aspekte vor unseren Augen haben, desto eher können wir uns überlegen, ob wir nicht doch lieber etwas verändern möchten.

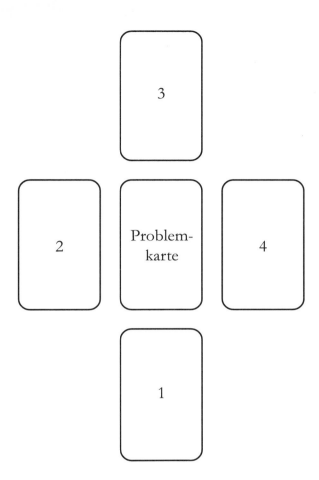

Wir nehmen ein paar Beispiele und legen für „die Geliebte", also die Hauptperson:

Die Karte „die Geliebte" holen wir aus dem Stapel heraus und legen sie offen auf den Tisch. Die restlichen Karten ziehen wir der Reihenfolge nach und legen sie mit der Bildseite nach unten. Erst nach und nach werden wir die Karten umdrehen und uns die gezogene Bildaussage anschauen. Nun ein paar Beispiele:

- Karte 1 – das Heim
- Karte 2 – die Ringe
- Karte 3 – das Erdbeben
- Karte 4 – das Füllhorn

Die Person selbst meidet ihre innere Häuslichkeit. Ihre inneren Teilenergien können nicht in Frieden miteinander leben, was die Gegenwart mit „das Erdbeben" noch einmal deutlichst bescheinigt. Nun kommen die Themen der Vergangenheit „die Ringe" und somit die emotionalen Abhängigkeiten auf den Tisch. Teile wollen sich lösen und andere halten am Althergebrachten fest. Aufräumen und trennen ist angesagt, und je mehr die Person sich löst, desto eher werden die kosmischen Energien fließen können. Die Aufgabe hierbei ist es: Sich von Altlasten zu lösen und sich im energetischen, kosmischen Fluss zu bewegen.

Ein anderes Beispiel – die Karte „das Heim". Hierbei handelt es sich um den häuslichen Bereich, also die intime Nähe der/des Ratsuchenden. „Das Heim" wird aus dem Stapel gezogen und mit dem Bild nach oben auf den Tisch gelegt. Nun folgen verdeckt die weiteren Karten:

- Karte 1 – der große Erfolg
- Karte 2 – der strenge Vater
- Karte 3 – die Meditation
- Karte 4 – die Kommunikation

„Dem Heim" wird nicht der Erfolg, der ihm zustehen würde, gewährt. Somit leidet es, immerhin fehlt ihm etwas. „Der strenge Vater" der Vergangenheit hat die Leichtigkeit genommen. Momentan ist „Meditation" angesagt, damit zukünftig die verinnerlichte „Kommunikation" endlich nach außen auf den Tisch gebracht werden kann. Immerhin ist es wesentlich besser, das zu sagen, was man denkt, als all die Probleme innerlich zu schlucken und sich nicht zu trauen, das zu sagen, was man gerne möchte.

Wir könnten nun noch endlos Fragen aufstellen und uns stundenlang Analysen hingeben. Sie können das, wenn Sie es wollen. Doch ich ziehe mich nun zurück und wünsche Ihnen viel Spaß bei Ihrem neuen Hobby oder vielleicht späteren Beruf. Wer weiß? Es ist noch kein Meister vom Himmel gefallen. Ich möchte mich abschließend noch ganz herzlich bei Ihnen für Ihr Interesse bedanken und hoffe, dass Ihnen dieses Buch gefallen hat. Alles Gute.

Sabine Guhr-Biermann, Astrologin, führt seit 11 Jahren die Opalia-Praxis für esoterische und psychologische Lebensberatung. 1962 im Zeichen des Steinbocks geboren, arbeitet sie auf der Basis ihrer hellsichtigen und medialen Fähigkeiten voller Leidenschaft in Einzelsitzungen wie auch in Seminaren. Ein weiterer Schwerpunkt ihres Lebenswerkes ist das Thema der energetischen Unternehmensberatung. Mitte 1999 begann sie zudem zu schreiben und gründete im Februar 2000 den Libellen-Verlag. Ihre gesamten Kenntnisse, die sie in diesen 11 Jahren in den Bereichen der Esoterik und der Psychologie gewonnen hat, schreibt sie in ihren Büchern nieder. Auch ihr Wissen aus vorherigen Leben bringt sie noch heute in ihre Arbeit mit ein. Sie ist Mutter von vier Kindern und lebt mit ihrer Familie in der Nähe von Siegburg. Das Ziel der Autorin ist es, dem Leser über das Wiedererlangen seiner Eigenmächtigkeit die Einfachheit des Lebens ein Stück näher zu bringen und ihn dahin zu führen, seine eigenen Qualitäten in Eigenverantwortung für sich nutzbar zu machen. Das Opalia-Praxis-Team ist darauf spezialisiert, den Klienten auf diesem Weg aktive Unterstützung anzubieten. Es arbeitet umfassend im Bereich der Rückführungsanalyse und integrativen Energiearbeit.

Wenn Sie weitere Informationen wünschen, dann wenden Sie sich an die:

Opalia
Praxis für esoterische, psychologische und energetische Lebensberatung, Inhaberin Sabine Guhr-Biermann
Hennefer Straße 60; 53819 Neunkirchen-Seelscheid
Tel.: 02247-8677; Fax: 8251
E-Mail: info@opalia.de

Nachfolgend möchte ich Ihnen noch die passenden Opalia-Lichtkarten empfehlen. Sie erhalten die 32 Lichtkarten über den Handel.

Karten: „Opalia Lichtkarten"
gezeichnet von Birgit Letsch
32 Stück - DM 17,-
ISBN 3-934982-04-2

Nun eine Übersicht über die Neuerscheinungen aus dem
Libellen-Verlag

Der Blick ins innere Licht

Partnerschaft
Das Spiegelkabinett unserer inneren Gefühle

Numerologie
Zahlenmystik zur Persönlichkeitsanalyse

Die Opalia Numerologiekarten
Blick in die Persönlichkeitsenergien

Die Energien im Unternehmen

Mutter, Vater, Kind - eine schicksalhafte Verbindung

Der Blick ins innere Licht

Der Blick ins innere Licht ist ein Resümee aus der jahrelangen Arbeit der Autorin als esoterisch-psychologische Lebensberaterin und Astrologin. In einem gelungenen Balanceakt zwischen Tiefgang und humorvoller Leichtigkeit nimmt dieses Buch den Leser an die Hand und führt ihn zu seiner eigenen inneren Erkenntnis. Den Blick von außen nach innen lenkend hilft es ihm, die Strukturen menschlichen Handelns zu verstehen und verdeutlicht ihm, wie negative Energieverbindungen zu anderen Menschen sein Leben beeinflussen und sein freies Handeln einschränken. So ist es denn auch ein Anliegen dieses Buches, nicht allein in der Theorie zu bleiben, sondern dem Leser auch praktisch zu vermitteln, wie er über seine eigene Betroffenheit belastende Energieverbindungen erkennen und sich von ihnen lösen kann. Der all-umfassende Erfahrungsschatz der Autorin und eine Vielzahl von Übungen und Anleitungen laden somit den Leser dazu ein, sich selbst zu begegnen, sich auf sein inneres Licht einzulassen und die Zügel für sein Leben wieder in die Hand zu nehmen. Eine Begegnung, die sein Leben verändern wird.

Ein absolut alltagsnahes und lebenspraktisches Buch voll tiefster Weisheit und Wahrheit, das einfach berühren muss. Der Leser wird sich ständig die Frage stellen, woher die Autorin ihn kennt.

Dr. Dorit M. Suwelack

Buch: „Der Blick ins innere Licht“
Autorin: Sabine Guhr-Biermann
356 Seiten - DM 29,80   ISBN 3-934982-00-X
Libellen-Verlag, Neunkirchen

Partnerschaft - das Spiegelkabinett unserer Gefühle

Haben Sie sich auch schon gefragt, warum in Liebesbeziehungen oftmals nach dem ersten Höhenflug der Gefühle eine unsanfte Landung auf den Boden der Tatsachen erfolgt? Und das immer wieder – egal mit wem Sie sich einlassen? Suchen Sie nach Antworten für sich, warum Partnerschaft oftmals mit so viel Dramatik, Trauer und/oder Leid verbunden sein muss, obwohl alles doch so schön und einfach sein könnte? Oder stehen Sie sogar schon kurz davor, Ihrem Partner/Ihrer Partnerin gedanklich ein ähnliches Schicksal wie dem Frosch in dem Märchen "Der Froschkönig" zu bescheren, indem Sie ihn/sie einfach an die Wand klatschen könnten, nachdem Küsse ihn/sie nicht zum Prinzen/zur Prinzessin haben wandeln können? Suchen Sie nicht länger das Problem beim Partner, doch verlieren Sie genauso wenig die Hoffnung auf eine glückliche und harmonische Beziehung in Ihrem Leben - gehen Sie mit auf die spannende Entdeckungsreise in das Spiegelkabinett der Partnerschaft. Hier erfahren Sie, was die Nähe und Öffnung zu einem anderen Menschen in unserem eigenen Inneren zu öffnen vermag und weshalb sich neben der Geliebten/dem Geliebten auch stets ein Schattenenergieanteil von uns mit dem Partner verbindet. Lernen Sie diesen als zu Ihnen gehörig erkennen und lieben, und Sie werden sich nicht mehr über den Partner zu ärgern brauchen. Lernen Sie Ihre eigenen inneren Energieanteilkonflikte und –verstrickungen kennen, und Sie müssen den Streit nicht mehr ständig im Außen erleben. Lernen Sie, Ihren Partner als dankbaren Spiegel zu wertschätzen, der Ihnen lediglich zeigt, wo Ihre Beziehung zu sich selbst Heilung bedarf. Lernen Sie, mit sich selbst eine Partnerschaft in Harmonie und Glück zu leben, damit Sie das auch mit einem anderen Menschen erleben können. Wenn Sie das verstanden haben, sind Sie wieder handlungsfähig und Ihres eigenen Glückes Schmied.

Buch: „Partnerschaft - das Spiegelkabinett unserer Gefühle"
Autorin: Sabine Guhr-Biermann
208 Seiten - DM 26,-   ISBN 3-934982-09-3
Libellen-Verlag, Neunkirchen

Die Numerologie - Zahlenmystik zur Persönlichkeitsanalyse

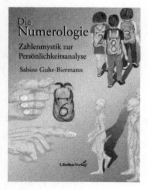

Wussten Sie eigentlich, dass bereits die Zahlenkombination Ihres Geburtsdatums sehr viel über Ihr „energetisches Reisegepäck" -Stärken, Schwächen und Lernthemen- verrät, welches Sie mit in dieses Leben gebracht haben? Nein? Dann wird Sie die Numerologie faszinieren. Diese astrologische Zahlenanalyse und Deutungsmöglichkeit gibt Ihnen nicht nur klärenden Einblick und Aufschluss über Ihre persönliche Geburtskonstellation, sondern auch über alle weiteren Daten und Zahlen, die Ihnen in Ihrem Leben begegnen. Wollten Sie also immer schon mal wissen, mit welchen Charakterstärken und -schwächen Sie das Licht der Welt erblickt haben, was Ihr zentrales Lebensthema ist, unter welchem „Stern" Ihre Beziehung steht oder warum Ihre Ehe/Firmengründung/Arbeitsbeziehung gescheitert ist - dann tauchen Sie ein in die Zahlenmystik der Persönlichkeitsanalyse - die Numerologie. In lebendiger und alltagsnaher Sprache vermittelt Ihnen dieses Buch alle Kenntnisse, die Sie benötigen, um die "Zahlen und Zeichen der Zeit" zu verstehen und ihnen erfolgreich zu begegnen.

Sobald Sie den Wert dieses Systems für sich erschlossen haben, werden Sie es bestimmt nicht mehr loslassen.

Buch:"Die Numerologie - Zahlenmystik zur Persönlichkeitsanalyse"
Autorin: Sabine Guhr-Biermann
240 Seiten - DM 26,-   ISBN 3-934982-01-8
Libellen-Verlag, Neunkirchen

Die Opalia Numerologie-Karten
Blick in die Persönlichkeitsenergien

Die Numerologie erfreut sich immer größerer Beliebtheit. Aus diesem Grund gibt es für alle Numerologie Anhänger und Interessierten nun etwas ganz Besonderes: Basierend auf ihrer jahrelangen Erfahrung mit der numerologischen Daten- und Zahlenanalyse hat die Autorin ein eigenes Numerologie-Kartensystem entwickelt. 65 Karten und ein Kartenlege- wie -deutungsbuch geben dem Leser Einblick, Aufschluss und Klärung über alle für ihn wichtigen Daten und Zahlen. So erfahren Sie, was die Zahlen Ihres Geburtsdatums über Ihre Eigenschaften, Grundenergien und energetischen Schwachstellen verraten. In Kombination mit anderen Daten – wie etwa dem Geburtsdatum des Partners – können Sie darüber leicht erkennen lernen, welche Gemeinsamkeiten sie verbinden, wo der andere einfach anders ist und an welchen Stellen sie aufpassen müssen, damit sie sich nicht verstricken. So können Sie anhand der Numerologie-Karten sehr leicht für alle Lebensbereiche ermitteln, auf welcher energetischen Ebene Sie mit wem wie zusammentreffen oder warum Ihnen etwas immer wieder passiert. Helfen Sie sich auf diesem Wege, sich selbst und Ihr Umfeld besser zu verstehen, so dass Sie sich nicht mehr als Opfer der Umstände, sondern als Schöpfer Ihres Lebens erfahren.

Buch: „Die Opalia Numerologie-Karten"
    Blick in die Persönlichkeitsenergien
Autorin: Sabine Guhr-Biermann
208 Seiten - DM 26,-   ISBN 3-934982-07-7

Karten: „Opalia Numerologie-Karten"
gezeichnet von Stefan Wiehl
65 Stück - DM 22,-   ISBN 3-934982-08-5

Die Energien im Unternehmen

Dieses Buch stellt einen Wegweiser in der Unternehmensenergie dar. Aus diesem Blickwinkel betrachtet, können wir sehr leicht erkennen, welche starken und auch schwachen Punkte ein Unternehmen hat. Sie lernen Ihr Unternehmen aus einer anderen Perspektive kennen, was Ihnen wiederum ermöglicht, eine genaue Analyse zu erstellen. Anhand der praktischen Beispiele können Sie des weiteren viele Fragen für sich in Bezug auf Ihre persönliche Arbeitsenergie klären: Habe ich den nötigen Energieeinsatz für eine Selbstständigkeit? Und wenn „Ja", wie manifestiere ich energetisch meine Ideen? Wie kann ich ein Unternehmen selbst aufbauen? Was bin ich überhaupt für ein Arbeiter - ein Teamworker, Einzelkämpfer, Workoholic oder der geborene Chef? Dieses Buch ist somit nicht nur für Unternehmer - oder solche, die es werden wollen - geschrieben, sondern für jeden arbeitenden Menschen, also auch für alle Arbeitnehmer. Als Berufstätiger verbringen Sie tagtäglich viel Zeit mit Ihrer Arbeit. Lohnt sich der Energieeinsatz? Sind Sie zufrieden oder möchten Sie eine Änderung? Kennen Sie die Grundenergie der Firma, in der Sie arbeiten? Wäre alles gut, wenn das nicht der Kollege XY wäre, von dem Sie sich emotional belastet fühlen? Wollen Sie mehr über die Energien im Unternehmen erfahren - dann wird dieses Buch genau das Richtige für Sie sein.

Buch: „Die Energien im Unternehmen"
Autorin: Sabine Guhr-Biermann
ca. 256 Seiten - DM 26,00   ISBN 3-934982-03-4
Libellen-Verlag, Neunkirchen, erscheint im Februar 2001